M. TH. RAVE

M. TH. RAVE

DIE BERLINER MALERIN MARIA THERESIA RAVE-FAENSEN
1903 BIS 1987

VERLAG BERLIN

Herausgeber   Jan Rave

Redaktion   Felicitas Rink   Jan Rave   Rolf Rave

Buchgestaltung   Rolf Rave

Abbildung Frontispiz: Selbstportrait, Bleistiftzeichnung, um 1941

Gesamtherstellung: Reiter Druck, Berlin

ISBN 3 931768 75 9 Buchhandelsausgabe Hardcover
ISBN 3 931768 76 7 Ausstellungsausgabe Broschur

© 2003 Herausgeber, Autoren, G+H Verlag, Berlin

© 2003 für die Abbildungen: Jan und Rolf Rave

Printed in Germany

5	Vorwort
7	**Primär ist die Malerei** Zur Kunst der M. Th. Rave Felicitas Rink
41	**Tafeln**
72	Tabellarischer Lebenslauf
73	**Maria Theresia Rave-Faensen 1903 bis 1987** Eine biografische Notiz Jan Rave
100	**Werkverzeichnis**
130	Ausstellungen
131	Fotonachweis

VORWORT

M. Th. Rave wird am 12. April 1903 in Stolberg in der Eifel als Maria Theresia Faensen geboren. Heute, 100 Jahre später und 16 Jahre nach ihrem Tod, versuchen eine Ausstellung im Mies van der Rohe Haus unter der Leitung von Wita Noack und dieses Buch, das Werk dieser Künstlerin zu beleuchten, zu gliedern und zu bewerten.

Felicitas Rink hat sich – unterstützt von den Söhnen – in das malerische Œuvre eingearbeitet und gibt diesem erstmalig klare Konturen. Zum Leben der Malerin, das ausführlich von Jan Rave beschrieben wird, werden Querverbindungen hergestellt. Dabei wird ihre künstlerische Entwicklung in sieben Jahrzehnten nachgezeichnet. Schaffensperioden von hoher Produktivität wechseln mit langen Pausen, die meistens durch schicksalhafte Einschnitte im Leben M. Th. Raves beeinflusst wurden: Zwei Kriege, Krankheiten und der Tod ihres Mannes Paul Ortwin Rave 1962 bleiben nicht spurlos.

Die Ausstellung präsentiert vornehmlich die letzten drei Jahrzehnte, die 60er, 70er und 80er Jahre, das Spätwerk der Künstlerin. Eine Auswahl von Bildern aus dieser Zeit ist im Tafelteil dieses Buches dokumentiert, während das Werkverzeichnis einen Überblick über das gesamte malerische Œuvre M. Th. Raves bietet. Der lange Weg der Entwicklung ihres persönlichen Stils wird hier verdeutlicht.

Auf eine komplette Darstellung des großen grafischen Werkes der Künstlerin wurde zugunsten einer Konzentration auf ihr malerisches Œuvre verzichtet. Eine wichtige Serie von Zeichnungen aus den 80er Jahren wurde allerdings ins Werkverzeichnis aufgenommen, und im biografischen Kapitel sind ausgewählte Portraitstudien abgebildet.

Vier Teile also gliedern dieses Buch: eine fundierte kunsthistorische Einschätzung, ein zentraler Bildteil mit größeren Bildtafeln, dann, drittens, eine ausführliche Biografie, die über die Darstellung der Person das Werk erläutert und so ein eindringliches Bild der Persönlichkeit der Malerin M. Th. Rave entwirft, und viertens ein Werkverzeichnis aller erhaltenen und uns in den meisten Fällen durch eine Abbildung bekannten Bilder.

R. R.

Die Geige III/5

PRIMÄR IST DIE MALEREI

Die Kunst der M. Th. Rave

Von Felicitas Rink

M. Th. Raves Bilder haben ihre eigene Realität und Atmosphäre. Bis auf wenige Ausnahmen – in Landschaften, Stilleben oder Portraits – negieren sie die reale Welt als Gegenstand der Darstellung. Die Künstlerin erfindet vielmehr eigenständige, bildimmanente Realitäten, indem sie abstrakte Objekte in Beziehung zueinander setzt. Ihr Formenvokabular entstammt der flächigen und räumlichen Geometrie: Quadrat, Rechteck, Dreieck, Trapez, Kreis und Sechseck einerseits, Pyramide, Kegel, Würfel, Zylinder und Kugel andererseits. Mit diesen konkreten Bildelementen entwickelt M. Th. Rave ein differenziertes Gestaltungsverfahren, in dem sich ein komplexes bildnerisches Denken offenbart. In den meisten Bildern durchdringen sich die einzelnen Elemente, schieben sich vor- und hintereinander, werden prismatisch gebrochen, abgeknickt und aufgefaltet. In der Zusammenschau ergeben sich räumlich erscheinende Bildarchitekturen und Formgebilde mit Objektcharakter, in denen die Perspektiven ständig wechseln. Die einzelnen formalen Elemente innerhalb der Kompositionen beziehen ihre Aussagekraft aus ihrer Wechselwirkung. Dadurch erscheinen die Bilder dem Betrachter selbstreferenziell, hermetisch und autonom.

M. Th. Raves Bilder erzählen keine Geschichten mit wiedererkennbaren Motiven. Die menschliche Figur und die Dinge der alltäglichen, sichtbaren Realität sind in ihrem Hauptwerk ausgeklammert. Hinter dem konstruktivistischen, funktionalen Charakter der Darstellungen ist ein eigentümlich subjektiver, emotionaler und introvertierter Ausdruck zu spüren. Er verweist auf eine Welt hinter den Dingen, evoziert eine Aura der Melancholie und Verlorenheit.

Die künstlerische Entwicklung der unverwechselbaren, abstrakten Bildformulierungen M. Th. Raves beginnt spät. In der Zeit nach ihrem Studium in den Zwanziger Jahren bis nach dem Zweiten Weltkrieg arbeitet sie hauptsächlich gegenständlich. Erst in den Fünfziger Jahren experimentiert die Malerin mit der Loslösung vom Gegenständlichen, indem sie formale Verfahren des Kubismus, Futurismus, Orphismus und des Konstruktivismus anwendet. In fast allen Bildern sind Bewegung, Raum und Zeit und die Konstruktion eines harmonischen und zugleich spannungsvollen Zusammenspiels von geometrischen Formen, abstrakten Ornamenten und komplementären Farbwerten die Themen.
Am Anfang der Sechziger Jahre findet die Künstlerin ihre Bildsprache, die sie im Laufe der Jahre in verschiedenen Lebens- und Werkphasen zwar immer wieder modifiziert, die aber unverkennbar ihre eigene Dynamik, ihren eigenen Ausdruck behält. Sie entwickelt prismatisch gebrochene und durch rhythmisierende Linien verspannte Flächengefüge, Objektarchitekturen und objekthafte Formenkonstellationen. Schattierungen und Farbvaleurs

innerhalb der Segmente unterstreichen die exakt komponierten Bildkonstruktionen. Die Formen und Farbsegmente durchdringen und überlagern sich, es entstehen Flächenräume, die mit Tiefenräumen korrespondieren oder sie irritieren. Die Irritationen zerstören jedoch nie das harmonische Gefüge der Bilder, sind eher als ein Spiel mit den Bildebenen zu verstehen. Der Künstlerin gelingt es, den Betrachter herauszufordern, sich mit der Imagination von Dreidimensionalität auf einem eindimensionalen Bildträger auseinanderzusetzen. Er ist aufgefordert sich zu fragen, was er eigentlich sieht, wo vorn und hinten ist, welche geometrische Form er vor sich hat, wie sie sich entwickelt und welche Wirkungen die einzelnen Farben in ihrem Zusammenspiel mit den Formen hervorrufen.

Die künstlerische Produktion war für M. Th. Rave immer ein Ringen um die Form, eine Suche nach Harmonie und Ausgewogenheit innerhalb subtil arrangierter Spannungsverhältnisse. Die Entwicklung ihrer Kompositionen unterlag einem tektonischen Denkprozess – als habe sie am Elementarunterricht von Paul Klee oder Wassily Kandinsky am Bauhaus teilgenommen. Mit Zirkel und Lineal entwarf sie streng analytisch den Bildaufbau und balancierte die formalen Elemente so aus, dass ein Gleichgewichtszustand erreicht wurde. Nicht immer gelang dies auf Anhieb zu ihrer Zufriedenheit, trotz aller Sorgfalt. In ihren Tagebüchern beschreibt sie, wie oft sie mit dem haderte, was sie gerade entwickelt hatte. Unzufrieden legte sie dann die Arbeit zur Seite, bat gegebenenfalls auch ihre Söhne um ihre Meinung, um das Bild später noch einmal – oder mehrmals – zu überarbeiten, manchmal auch erst nach Jahren. Ein Teil ihrer Werke befand sich daher stets im Zustand eines „work in progress". Diese Haltung ihrer Malerei gegenüber ist bezeichnend für die Künstlerin M. Th. Rave. Sie arbeitete für sich, nicht für andere. Sie paßte sich keinem Zeitgeist, keinem Geschmack und keinem Markt an, sondern versank bei der Produktion in ihre eigene Imagination einer visuellen Welt. Ihre bildnerische Arbeit war für sie eine notwendige, lebendige Aktion. Wenn ein Bild tatsächlich einmal ‚fertig' war, war es ihr nicht mehr wichtig.

Bildtitel, wenn sie überhaupt vergeben wurden, erfand die Künstlerin immer erst nach Fertigstellung der Bilder. Manchmal änderte sie sie zu einem späteren Zeitpunkt auch noch einmal. Inhaltlich verweisen die Bildtitel in den meisten Fällen auf Bildelemente wie Kugeln, Kreise, Blöcke, Flächen und Farben oder sie sind neutral mit „Komposition" bezeichnet. Manchmal ließ sich M. Th. Rave auch von ihren Söhnen, Freunden und Bekannten zu Titeln inspirieren, wobei Assoziationen, Empfindungen oder poetische Übersetzungen des Gesehenen ausschlaggebend waren. Diese Bildbezeichnungen können den Betrachter mitunter dazu verleiten, etwas in die Bilder ‚hineinzusehen', was er ohne den Titel nicht wahrnehmen würde.

Die bevorzugte Technik von M. Th. Rave war die Gouache, eine Maltechnik mit deckenden Wasserfarben wie Tempera oder Plaka, die verdünnt auch lavierend verwendet werden können und rasch trocknen. Daneben malte sie in Öl, Pastell oder Aquarell, zeichnete mit Kreide, Bleistift und selten mit farbigen Stiften. Oft mischte sie auch die Techniken. In ihren letzten Lebensjahren entstanden fast ausschließlich Collagen aus verschiedenen farbigen Materialien. Die Formate der Bilder sind eher klein, meist zwischen 30 cm in der Höhe und 40 bis 50 cm in der Breite. Hochformate sind die Ausnahme.

Masurischer See II/1

Zeit des Lernens: Künstlerische Anfänge bis 1933

Die künstlerischen Anfänge der Malerin M. Th. Rave liegen in den frühen Zwanziger Jahren. Nach dem Abitur im Jahre 1922 schrieb sie sich an der Staatlichen Kunstschule zu Berlin in Schöneberg ein und bekam mit Georg Tappert (1880-1957) einen renommierten Lehrer. Tappert war ein kommunikationsfähiger Mann von impulsiver Überzeugungskraft. Er hatte mit der Gründung der „Neuen Sezession" einen wichtigen Beitrag dazu geleistet, den Expressionismus zu etablieren. Seine eigene künstlerische Arbeit zeigt starke Affinitäten zu den Brücke-Malern, die sich in der „Neuen Sezession" organisiert hatten. Tappert war Mitglied des Deutschen Werkbundes und gehörte zur sogenannten „Novembergruppe", in der sich Expressionisten, Dadaisten, die Künstler des „Sturm" und Bauhäusler versammelten, darunter Arthur Segal, Lionel Feininger, Max Dungert und Stanislaw Kubicki. Einige von ihnen entwickelten aus Elementen verschiedener Stilrichtungen Synkretismen, die figurative und abstrakte Tendenzen verbanden.

1922, als die angehende Kunstlehrerin beginnt, eine Bildsprache für sich zu entwickeln und mit künstlerischen Ausdrucksmitteln zu experimentieren, haben sich die avantgardistischen Stilrichtungen in der bildenden Kunst konsolidiert. Kubismus, Expressionismus, Futurismus, Konstruktivismus, Dadaismus, abstrakte Kunst und andere Mischformen sind in der Kunstmetropole Berlin in Ausstellungen und Publikationen präsent. Eine herausragende Rolle in der zeitgenössischen Diskussion spielen Künstleremigranten aus Osteuropa wie Iwan Puni, ein Freund Malewitschs, der 1921 kubofuturistische Arbeiten in der Galerie des „Sturm" ausstellt, der ungarische Konstruktivist Laszlo Moholy-Nagy, der Bildhauer Naum Gabo aus Moskau und El Lissitzky, der im Oktober 1922 die legendäre „Erste Russische Kunstausstellung" in der Berliner Galerie van Diemen organisiert. In dieser Ausstellung werden die suprematistischen und konstruktivistischen Arbeiten von Malewitsch, Rodtschenko, El Lissitzky, Tatlin, Alexandra Exter, Olga Rosanowa und anderen gezeigt. Sie werden von den deutschen Kollegen mit Begeisterung diskutiert und aufgenommen. Das gilt auch für M. Th. Rave: Die Visualisierung geometrischer Ordnungsstrukturen, die Absage an Expressivität und Subjektivität zugunsten von Rationalität und Objektivität haben sie besonders und bleibend interessiert.

Aus der Zeit vom Beginn ihres Studiums in den Zwanziger Jahren bis zum Ende des Zweiten Weltkriegs sind nur wenige Werke der Künstlerin erhalten. Vier undatierte, den Zwanziger Jahren zugeordnete Arbeiten zeigen Landschaften in Aquarell und eine Tierstudie im Zoologischen Garten als Ölskizze. Die Landschaften zeichnen sich durch eine eindringliche Wiedergabe der Atmosphäre aus. Wasser, Himmel, Erde und Bäume sind in leichten, gestischen Lavuren dargestellt. Das Wechselspiel von Licht und Schatten in dem Blatt „Masurischer See" (WVZ II/1, S. 9) suggeriert ein nahendes Gewitter, graue Wolken spiegeln sich im See. Die Malerin bemüht sich nicht um naturalistische Abbildgenauigkeit, sondern um das Erfassen der Stimmung in der Natur, um die Wiedergabe eines bildnerischen Eindrucks. Das tatsächlich Sichtbare wird hier für die Künstlerin zum Ausgangspunkt einer eigenen Sicht und künstlerischen Umsetzung von Wirklichkeit.

Das Bild „Schiffe auf der Oberspree" (WVZ 27/1, S. 101) aus dem Jahre 1927 zeigt denselben freien Gestus im Farbauftrag und in der Formauffassung wie die frühen Landschaften. Auf der spiegelnden, unbewegten Wasserfläche des Flusses liegen mehrere Kähne vor Anker. Im Hintergrund sind in diffusem Licht Häuserfassaden und eine Lagerhalle angedeutet. Vor den Fassaden schiebt sich von rechts ein fahrendes Schiff mit dampfendem Schornstein ins Bild. Menschen sind nicht dargestellt. Die Komposition ist mit lockerem, breit aufgetragenen Duktus in bräunlichen und rötlichen Farbtönen gehalten. Sie vermitteln eine abendliche Sonnenuntergangsstimmung, die durch die schrägen Schatten der Schiffe auf dem Wasser betont wird. Wieder ist die Künstlerin nicht an einer abbildhaften Genauigkeit in der Darstellung einer Wirklichkeit interessiert, sondern an der Erfassung und Wiedergabe eines Eindrucks, einer Atmosphäre.

Auch aus den Dreißiger und Vierziger Jahren sind nur wenige Werke erhalten. Von 1927 bis zu ihrer Heirat 1933 arbeitet M. Th. Rave als Lehrerin an der Lette-Schule, die 1866 von dem liberalen preußischen Sozialreformer Wilhelm Adolf Lette als Bildungseinrichtung für Frauen gegründet wurde. Sie unterrichtet Aktzeichnen, Mode-Illustration, Modezeichnen, Reklamegraphik, Fach- und Schriftzeichnen. Die Arbeit macht ihr Spaß und sie ist erfolgreich: Im Arbeitszeugnis werden ihr zeichnerisches und pädagogisches Talent besonders hervorgehoben.

Vermutlich in dieser Zeit entstand das Ölgemälde „Die Geige" (WVZ III/4, S. 6), das eine künstlerische Auseinandersetzung mit dem Kubismus zeigt. M. Th. Rave arbeitet hier mit der von Picasso und Braque entwickelten Formsprache: Sie zerlegt den thematischen Gegenstand – die Geige – in geometrische Elemente und Teilansichten, die in der Zusammenschau ein simultanes, ganzheitliches Bild ergeben. Nicht allein das Sichtbare der

Dinge, ihre Oberflächenstruktur und ihre eindeutige Position in einem perspektivisch angelegten Raum sind von Interesse, sondern auch das, was gleichzeitig und gleichberechtigt real ist: die Rückseite, das dem Blick Verborgene und der die Dinge umgebende Raum. Die Künstlerin entwickelt ein Gefüge sich durchdringender, überschneidender und zergliedernder Flächen, in dem Gegenstand und Raum gleichberechtigt miteinander korrespondieren und teilweise verschmelzen. Das formale Prinzip der Aufsplittung sichtbarer und unsichtbarer Elemente in Facetten, das für den analytischen Kubismus charakteristisch ist, verfolgt M. Th. Rave hier jedoch nicht. Sie greift vielmehr die geschwungene Form des Geigencorpus auf und wiederholt sie, durchbricht sie, läßt sie im Raum ausklingen. Die Geige bleibt als Geige erkennbar, aber sie ist Ausgangspunkt für einen eigengesetzlichen Bildorganismus geworden, in dem Bewegungen, Rhythmen und das Verhalten abstrakter Formen im Raum thematisch werden. Dieses kompositorische Verfahren wird M. Th. Rave in ihrem gesamten Werk beschäftigen, wobei der Gegenstand zunehmend an Bedeutung verlieren wird.

Schwierige Zeiten: Menschenbilder und Landschaften 1933–1945

Als Maria Theresia Faensen 1933 den Kunsthistoriker Paul Ortwin Rave heiratet, gibt sie ihre Stelle als Lehrerin im Lette-Verein auf. Nach der Geburt der Söhne Jan und Rolf in den Jahren 1934 und 1936 entstehen 1936 und 1937 die beiden Arbeiten „Vorstadthäuser bei Potsdam I. und II." (WVZ 36/1 und 37/1). In dem Bild von 1936 sind Hinterhausfassaden unter einem von blaugrauen Wolkenstreifen durchzogenen Himmel zu sehen. Fahle Sonnenstrahlen beleuchten das Häuserensemble. Was auf den ersten Blick klar umrissen und eindeutig erscheint, erweist sich beim zweiten Hinsehen als trügerisch. Die Sonnenstrahlen erhellen keineswegs illusionistisch die Teile, auf die sie fallen, sondern gliedern den Gebäudekomplex, facettieren ihn und irritieren die Vorstellung einer eindeutigen Raumkonstruktion.

Vorstadthäuser bei Potsdam I 36/1

Vorstadthäuser bei Potsdam II 37/1

Das Bild von 1937 geht noch einen Schritt weiter. Der Himmel ist nun auf abstrakte hell- und dunkelgraue und gelbe Streifen reduziert. Die Gebäudekomplexe sind in Schichten übereinander aufgebaut, durchbrochen von abstrakten Formelementen, Linien und Farbstreifen, die die Zentralperspektive aufheben. Sie erzeugen ein Spannungsverhältnis waagerechter und senkrechter abstrakter Bildelemente. Leicht diagonal eingebaute, autonome Farbflächen und scharf akzentuierte Linien erhöhen die Spannung und entwickeln eine Eigengesetzlichkeit, die die zunächst suggerierte Gegenständlichkeit der Darstellung durchbricht.

In diesen Bildern ist die spätere Loslösung vom Gegenstand zugunsten einer abstrakten Formensprache vorgezeichnet. Allerdings wird sie von der Künstlerin in den folgenden Jah-

Fernhinziehender Fisch IV/1

ren nicht weiter entwickelt. Stattdessen malt M. Th. Rave nun fast nur gegenständlich. Es entstehen Portraits, Stilleben, Landschaften und kleinformatige Skizzen ihrer täglichen Umgebung und ihrer beiden Söhne.

Aus dem Jahr 1943 sind unter anderen zwei Bilder erhalten geblieben, die stilistisch an naturalistische Traditionen anknüpfen: ein Selbstbildnis (WVZ 43/2, S. 104) und ein Portrait ihres Mannes Paul Ortwin Rave (WVZ 43/1, S. 104). Das genaue Hinsehen, Festhalten und eine Art Selbstvergewisserung scheinen ihr wichtig zu sein. In ihrem Selbstportrait stellt sich die Künstlerin bei ihrer Arbeit als Malerin dar. Sie steht vor ihrer Staffelei und hält zwei Pinsel in der Hand. Ernst, schmal, mit Schatten unter den Augen, ein wenig verloren und ein wenig trotzig blickt sie den Betrachter direkt an. Ihr Mann P. O. Rave ist im Halbprofil, eine Tasse Tee in den Händen haltend, zu sehen. Hinter ihm verweisen ein Regal mit Büchern und ein angeschnittenes Gemälde auf seinen Beruf. Auch er blickt ernst, sein Haar ist an den Ansätzen ergraut, die Wangen eingefallen. Beide Darstellungen wirken verhalten, die Personen sind in sich gekehrt, sie schweigen.

Das Bild „Fernhinziehender Fisch" (WVZ IV/1) bildet eine Ausnahme innerhalb dieses Werkkomplexes. Im ersten Moment erinnert die Darstellung an die lyrisch-abstrakten Kompositionen von Paul Klee. M. Th. Rave zerlegt den Bildgegenstand in Quadrate und Prismen, die sie durch Farbvaleurs und Licht- und Schattenstreifen teilweise auflöst. Der Fisch bleibt erkennbar, er hat Augen, Maul und Flosse. Die Kontur seines Rückens ist klar gegen einen Hintergrund abgesetzt. In der unteren Bildhälfte, dort, wo der Bauch des Fisches sein sollte, löst M. Th. Rave die Formen auf. Bildgegenstand und Hintergrund verschmelzen. Das Halbrund der Kieme des Fisches wird in einzelnen Linien nach unten hin wiederholt und verliert sich im Umraum.

Stilleben mit Seehaus 48/1

Zeit des Suchens: Wege in die Abstraktion 1945–1962

Nach dem Ende des Krieges im Mai 1945 entfaltete sich bereits im Sommer kulturelles Leben im zerstörten Berlin. Die Ämter für Volksbildung verschiedener Berliner Bezirke veranstalteten erste Ausstellungen, der Magistrat der Stadt Berlin präsentierte mit der „Kammer der Kunstschaffenden" 190 Arbeiten von 52 Künstlern, und die Galerie Gerd Rosen am Kurfürstendamm eröffnete mit einer Ausstellung junger Kunst. Damit trat sie erstmals als Vermittler der avantgardistischen Künstler, die in den vergangenen 12 Jahren weitgehend im Verborgenen gearbeitet hatten, in Erscheinung.
Viele Menschen empfanden trotz der Entbehrungen und der Not nach der „Stunde Null" ein starkes Freiheitsgefühl. Endlich gab es wieder einen unzensierten Zugang zu Kunst, Literatur und Musik, die Isolation war vorbei. Die Künstler und auch das Publikum nahmen daher die Angebote der wenigen Galerien und Ausstellungsveranstalter enthusiastisch auf. Die erste Ausstellung, an der sich M. Th. Rave beteiligte, war die „Herbstausstellung in der Kamillenstraße" in Berlin-Lichterfelde, die das Volksbildungsamt Steglitz unter der Leitung des Bildhauers Hans Uhlmann Ende Oktober 1945 veranstaltete. Auch in der „Frühjahrsausstellung" 1946 war sie vertreten. In der Jury für diese Ausstellung saß neben den Malern Paul Lehmann-Brauns, Herbert Oertel, Hans Thiemann und der Schriftstellerin Lu Märten auch M. Th. Raves ehemaliger Lehrer Georg Tappert. Ausgestellt wurden Werke von Fritz Duda, Cuno Fischer, Margarete Kubicka und Stanislaw Kubicki, Alice Lex Nerlinger, Jeanne Mammen, Otto Möller und Christian Theunert und anderen. Die künstlerischen Positionen waren also sehr unterschiedlich: Realisten, Expressionisten, Abstrakte und die „Nachkriegssurrealisten" oder „Fantasten", zu denen Hannah Höch, Hans Thiemann, Heinz Trökes, Hans Uhlmann und Mac Zimmermann gezählt wurden, stellten sich dem Publikum. M. Th. Rave stellte neben einigen Portraits ihrer Söhne, einem Landschaftsaquarell und einem Blumenstilleben auch ihr Selbstbildnis und das Portrait von P. O. Rave von 1943 aus.
Das Pastellbild „Stilleben mit Seehaus" (WVZ 48/1) von 1948 schließt in der malerischen Behandlung von Form und Farbe an die Portraits von 1943 an. Auf einem Tisch stehen ein Krug, eine Clivie im Topf, eine kleine Kopfskulptur, ein dunkler, flacher Kasten, eine Glocke und eine Kerze. Dahinter ist an der Wand ein Teil eines Gemäldes des rheinischen Expressionisten Paul Adolf Seehaus zu sehen, das sich bis heute im Besitz der Familie Rave befin-

det. Ein Lichtstrahl fällt auf das Bild und wirft einen hellen, reflektierenden Streifen. Auch die linke Bildhälfte ist erhellt, der übrige Raum – es handelt sich um das Arbeitszimmer von P. O. Rave – ist in diffuses Halbdunkel gehüllt, das die Konturen der Gegenstände verwischt. Es scheint, als habe jemand einen Vorhang fast zugezogen. Im Unterschied zu realistischen Positionen aus der Zeit nach dem Ersten Weltkrieg, dem Magischen Realismus oder der Neuen Sachlichkeit, werden hier keine in kaltem Licht erstarrten Dinge distanziert neutral oder magisch überhöht dargestellt. Im „Stilleben mit Seehaus" erzeugt der naturalistische, malerische Gestus eine stille Stimmung in einer eindringlichen, introvertierten Atmosphäre, die die Künstlerin schon in den frühen Landschaftsbildern formulierte. Dieser verhaltene, zurückgenommene, in sich gekehrte Ausdruck findet sich auch in vielen ihrer späteren abstrakten Bilder.

Nachdem M. Th. Rave im „Fernhinziehenden Fisch" wieder an ihre frühere Auseinandersetzung mit der Loslösung vom Gegenständlichen angeknüpft hat, entstehen in den Fünfziger Jahren mehrere erstmals rein abstrakte Kompositionen. Zentrale Themen dieser Bilder sind Bewegung und Rhythmus. Ähnlich wie einige Vertreter der „Novembergruppe" verarbeitet M. Th. Rave stilistische Elemente der klassischen Moderne, vor allem des Kubismus, Futurismus und Orphismus. Sie entwickelt einen Stilsynkretismus, in dem sie kubische Formeln, prismatische Brechungen, expressive Zersplitterungen der Formen und geschwungen Linien miteinander verbindet.

Strahlenzauber 51/1

In dem Aquarell „Strahlenzauber" (WVZ 51/1) befindet sich vor einem hellen Hintergrund ein stereometrischer Komplex aus Rechtecken, Dreiecken, Trapezoiden, Kreis- und Ellipsensegmenten, die durch Linien in kleinteilige oder größere Formen gebrochen werden. Von einem in der oberen, leicht rechts von der Mitte gesetzten optischen Schwerpunkt ausgehend, beschreiben weit gezogene Ellipsen eine kreisende Bewegung. Harte Linien fächern sich wie Strahlen in der linken Bildhälfte auf und unterstützen die Bewegungsrichtung, die durch eine vertikal aufragende Objektkonstellation am linken Bildrand aufgefangen wird. Die Linien treffen dort auf eine Senkrechte, werden abgelenkt oder durch sie hindurch geführt, treffen auf eine zweite Senkrechte, werden abermals gebrochen, gehen in Winkeln zurück. M. Th. Rave experimentiert mit der Transparenz der Farben. Farbfelder stoßen in den Strahlensegmenten aneinander, durchdringen sich teilweise und mischen sich in den Überschneidungszonen zu neuen Farben. Es entsteht eine räumliche Wirkung. Durch bewußten Einsatz von hellen und dunklen Tönen, die die Künstlerin aneinander stoßen läßt, wird diese virtuelle Tiefenwirkung noch verstärkt. In der rechten Bildhälfte sind ornamentale Elemente wie ein Gitternetz und Zickzacklinien in die Kreisbewegung integriert. Die Zickzacklinien tauchen als Motiv auch in späteren Bildern immer wieder auf. Weitere Bilder aus den Fünfziger Jahren, darunter „Russische Musik" (WVZ 53/1, S. 62), „Splitternd"(WVZ 57/2, S. 63), „Nierenformen und Linien" (WVZ 56/1, S. 16), „Bänder und Bälle" (WVZ 53/2) und „Traum einer Schnecke" (WVZ V/I, S. 61), nehmen das Zusammenspiel von Form- und Farbzerlegung auf und variieren es. Die Künstlerin synthetisiert Positionen des Kubismus, des Futurismus und des Orphismus.

Bänder und Bälle 53/2

In dem Ölgemälde „Russische Musik" von 1953 erweitert M. Th. Rave das kristallin komponierte Gefüge von „Strahlenzauber" um das Moment der Bewegung. Im Formgestus und in der Dynamik erinnert das Bild an futuristische Kompositionen von Giacomo Balla oder Carlo Carrà, für die die Darstellung der räumlich-zeitlichen Simultaneität in der wechselseitigen Durchdringung der Formen Gegenstand der künstlerischen Auseinandersetzung war. Kraftvolle Linien ziehen von der linken oberen Bildhälfte durch das Bild, durchdringen oder überlagern Flächen, lassen spitze Winkel entstehen und definieren eine großräumige Bewegungsrichtung. Einzelne, fein gezogene Linien konturieren Farbsegmente und setzen graphische Akzente. Wie im Bild „Strahlenzauber" sind auch hier starke Hell-Dunkel-Kontraste eingesetzt, die der Komposition zusätzlich Dynamik verleihen, indem sie Flächen optisch vor- oder zurücktreten lassen. Die Wechselwirkungen harter und weicher Linien mit offenen und geschlossenen Formen erzeugen einen symphonischen Klang. Zur rechten Bildhälfte hin lösen sich die Formen in Halbkreissegmente auf, die sich in rhythmischer Staffelung von oben nach unten bewegen und den Eindruck einer tänzerischen Bewegung vermitteln. Der helle Hintergrund läßt die Komposition geschlossen, aber gleichzeitig leicht erscheinen. Das Bild übersetzt Elemente der Musik, ihren Rhythmus und Klangfarben in eine Bildsprache, die man wie einen orchestralen Klang fast zu hören meint.

In eine ähnliche Richtung verweisen die Kompositionen „Splitternd" und „Nierenformen und Linien", die ein paar Jahre später entstehen. Das Aquarell „Splitternd" operiert mit starken Farb-, Form- und Richtungskontrasten, die die Bildelemente explosionsartig vertikal auseinandersprengen und gleichzeitig zusammenschieben. Am unteren Bildrand werden die steil aufragenden, langgezogenen und prismatisch gebrochenen Rechtecke und Trapeze durch gerundete und geschwungene Formen aufgefangen. Die harten Schwarz-Weiß-Kontraste und der freie, verlaufende Auftrag der Aquarellfarben unterstützen die Dynamik des Bildes.

Nierenformen und Linien 56/1

Im Vergleich dazu besticht das Ölgemälde „Nierenformen und Linien" durch subtil kreisende Bewegungen. In der linken Bildhälfte initiieren zwei im Halbkreis zum Bildrand schwingende, dunkelblaue Flächen eine Drehbewegung, die sich zur Mitte des Bildes hin fortsetzt und von einer voluten- bzw. nierenförmigen Figur aufgefangen wird. Die Volute wiederum dreht sich in breitem Schwung in die rechte Bildhälfte und verliert sich in kleineren, die Bewegung aufnehmenden Formsegmenten. Die räumliche Tiefenwirkung erzielt M. Th. Rave einerseits durch übereinandergelagerte, durchscheinende Farbsegmente, Valeurs, Schattenbildungen und Hell-Dunkel-Kontraste, andererseits durch einen Streifen von parallel gesetzten Linien, die sich über die Bildmitte nach links hinziehen, an Punkten gebrochen und zurück nach rechts in den Bildraum geführt werden. Die Komposition ist von einer musikalisch anmutenden Rhythmik geprägt, die auch in den Bildern „Traum einer Schnecke" und „Bänder und Bälle" thematisiert wird.

In dem Ölgemälde „Bänder und Bälle" spielt die Künstlerin mit geschwungenen Farbbändern, die sich in großzügigen Bewegungen über die Bildfläche ziehen, Kreise umschlingen oder durchdringen. Teilweise sind die Bänder von regenbogenfarbenen, ebenfalls geschwungenen Segmenten durchzogen. Das Leichte, Luftige, Tänzerische der Komposition wird durch helle Pastelltöne unterstrichen. Ein kleiner weißer Kreis am oberen rechten Bildrand setzt der ausgreifenden Bewegung der Bandstreifen ein Gegengewicht und suggeriert gleichzeitig Raumtiefe. Vor dem diffusen, in Blau- und Grautönen gehaltenen Hintergrund löst der Kreis Assoziationen an einen strahlenden Mond an einem abendlichen Himmel aus.

Die Komposition „Traum einer Schnecke" – der Titel des Bildes stammt von einem Freund der Familie Rave, dem Dichter Peter Gan – zeigt eine verschlungene, um sich selbst drehende Konstellation aus Kreisen, Ellipsen, Trapezen, Dreiecken und geschwungenen Linien in pastellfarbenen Tönen. In einer spriralförmigen Drehung bewegen sich ellipsenförmige Felder von der rechten unteren Bildhälfte hinauf in den oberen Bildmittelpunkt zu einer teilweise prismatisch gebrochenen Kreisformation. Im Vergleich zu „Bänder und Bälle" ist die Bewegung eher verhalten und die räumliche Tiefenwirkung nicht so stark betont. In der Behandlung der Farben sind jedoch Ähnlichkeiten auffallend, die auch auf die anderen Arbeiten aus den Fünfziger Jahren zutreffen. Für M. Th. Rave haben die Farben und ihre Wechselwirkungen eigene Wertigkeiten. Sie sind, wie die Formen, abstrakt, nicht gegenstandsgebunden. Im Zusammenspiel können sie einen harmonischen Klang ergeben oder wie musikalische Dissonanzen in spannungsvolle Kontraste treten. Diese Art des Umgangs mit der Farbe legt die Vermutung nahe, dass sich M. Th. Rave mit Robert Delaunays Orphismus und den Farbtheorien Kandinskys auseinandergesetzt hat.

Das Thema der rhythmisierenden Bewegung von planimetrischen und voluminösen Formelementen im Bildraum beschäftigt M. Th. Rave in den gesamten Fünfziger Jahren. Leider sind viele dieser Arbeiten nicht mehr erhalten oder ihr Verbleib ist unbekannt.

Grün-rote Insel 57/1

In dieser Zeit stellt die Collage „Grün-rote Insel" (WVZ 57/1) von 1957 eine Ausnahme mit richtungsweisendem Charakter dar. Dies ist die erste Collage im Werk der Künstlerin. Auf einen roten Packpapierausriss sind aquarellierte, ausgeschnittene Papierrechtecke und -trapeze in Grün-, Blau-, Weiß- und Gelbtönen geklebt. Rechteckige Ausschnitte zeigen den roten Untergrund. Die blockhafte Formation füllt fast das ganze Format aus und läßt das ausgerissenen Packpapier als Hintergrund und Rahmen stehen. Das Bild ist ein Experiment, in dem die Künstlerin das Verhalten der verschiedenen Materialien und die Wechselwirkung komplementärer Farben ausprobiert.

Im Herbst 1954 wird in einer Werkschau im Antiquariat Wasmuth in Berlin-Charlottenburg eine Reihe dieser Bilder ausgestellt. Die Presse äußert sich lobend. „Ihre Liebe gehört offensichtlich den musikalischen ungegenständlichen Themen. Geht sie mit ihnen auch nicht neue Wege, so sind ihre Arbeiten kultiviert, niemals laut und diskrepant; auch die Aquarelle, die sich an die Erscheinungswelt halten, sind zurückhaltend und auf Moll gestimmt.", schreibt Will Grohmann in der Neuen Zeitung am 12.9.1954.

Toteninsel 62/1

Der eigene Weg 1962–1987

Die Sechziger Jahre

Der plötzliche Tod Paul Ortwin Raves im Jahre 1962 bedeutet einen tiefen, schmerzhaften Einschnitt im Leben M. Th. Raves. Ihre Bilder verändern sich. Sie beschäftigt sich jetzt vor allem mit der Konstruktion architektonisch aufgebauter Räume vor meist einfarbigen Hintergründen. Manche dieser abstrakten Kompositionen erinnern an Stadtlandschaften, andere an begehbare Raumobjekte. Vertikal aufstrebende, rechteckige Formen werden diagonal von Streben scharf durchkreuzt, Facetten, Trapeze und Auffaltungen bildend, die ruhigen, geometrischen Blöcken gegenüber treten. Durch ein bewußt gesetztes Wechselspiel visuell vor- oder zurücktretender Farben in Kombination mit einer differenzierten, streng durchdachten Anordnung geometrischer Formen entsteht eine subtile, nicht leicht zu durchschauende Bildräumlichkeit.

1962 versammelten sich um die Journalistin Margret Boveri die „Dahlemer Dienstagsmaler", eine Gruppe kunstinteressierter Laien, die von M. Th. Rave Mal- und Zeichenunterricht erhielten. In diesem Zusammenhang entstehen gleichzeitig – wahrscheinlich als Lehrübungen – Stilleben, in denen die Künstlerin Gegenstände abstrahiert und mit Farbwerten experimentiert.

Die erste künstlerische Arbeit M. Th. Raves, die nach dem Tod Paul Ortwin Raves 1962 entsteht, ist die Bleistiftzeichnung „Toteninsel" (WVZ 62/1, S. 18). Der Bezug zu Arnold Böcklins berühmtem Werk gleichen Titels ist evident. Wenn man Böcklins Bild vor Augen hat, scheinen die von M. Th. Rave eingezogenen horizontalen Streifen in der unteren Bildhälfte auf den Eingang einer Insel zu verweisen, der in einen engen, schwarzen Spalt führt. M. Th. Raves Bild ist aber abstrakt: Es gibt keine Zypressen, keinen Kahn mit weißer Gestalt, keine Felsen, keinen sich bedrohlich zusammenziehenden Himmel, kein spiegelglattes Wasser. Die Künstlerin entwirft eine entrückt und beklemmend wirkende, vertikal aufstrebende Formenkonstellation, die eine ähnliche Stille und Eindringlichkeit wie Böcklins Darstellung vermittelt.

Im selben Jahr zeigt die Künstlerin in der „Komposition auf rotem Hintergrund" (WVZ 62/4), dass sie das Bild der Toteninsel weiter beschäftigt. Vor einem dunklen, intensiv roten Hintergrund türmt sich ein Gebilde aus horizontal und vertikal verschachtelten geometrischen Elementen in Blau, Türkis, Grün, Weiß, Braun und Grau auf. Der Umriss des Formkomplexes ist blockhaft ins Bild gesetzt. Im unteren Bildbereich befindet sich eine horizontale, lavierend aufgetragene Farbzone, die die Assoziation einer spiegelnden, halb durchsichtigen Wasseroberfläche ermöglicht, aus der sich das Gebilde wie eine Insel erhebt.

Komposition
auf rotem Hintergrund
62/4

Komposition
an Segelboote erinnernd
63/2

Die Bildidee „Wasser" begleitet die Künstlerin von nun an weiter. Die „Komposition – an Segelboote erinnernd" (WVZ 63/2) von 1963 führt zu einer Konzeption, in der M. Th. Rave ein Objekt aus vertikal ausgerichteten Quadraten und Trapezen mit einem in sehr hellem Blau lavierenden Umraum versieht, der sowohl Wasser als auch Luft suggeriert. Das Objekt scheint zu schweben oder, wenn man dem Titel folgt, zu segeln.

In den meisten Arbeiten bis ca. 1965 dominieren fast monolithisch arrangierte Objektarchitekturen. Die „Raumkomposition in Blau und Braun" (WVZ 64/1, S. 46) variiert zwar auch kleinteilige geometrische Versatzstücke innerhalb der Komposition und führt die frei gesetzte Linie als kontrastierendes oder ausgleichendes Element ein, der blockartige, freigesetzte Charakter der Raumkomposition bleibt jedoch erhalten. Auch in diesem Bild spielt die Künstlerin mit Perspektivwechseln. Vorder- Mittel- und Hintergrund sind durch Überschneidungen und Durchdringungen der einzelnen Flächen, durch geometrische Abweichungen dreidimensionaler Formen und Irritationen nicht klar auszumachen. Der Eindruck von Raumtiefe wird auf den ersten Blick hervorgerufen, um auf den zweiten Blick – sei es durch die Setzung von Schatten und Valeurs oder die Verzerrung einer stereometrischen Form – wieder aufgehoben zu werden. Die Künstlerin formuliert Vexierspiele, die den Betrachter immer wieder zu einer anderen Wahrnehmung des Bildes zwingen. Verschiedene Wahrnehmungsebenen machen das Bild prinzipiell polyperspektivisch. Es ist nicht auf eindeutige Weise wahrnehmbar, die Perspektiven sind nicht auflösbar. Es gibt immer auch eine andere Möglichkeit, das Bild zu sehen: Der Betrachter kann sehen, dass er nicht eindeutig sehen kann.

In den Gouachen „Musikstück I" (WVZ 64/2, S. 45) und „Flächen auf blauem Grund" (WVZ 64/3, S. 44) reduziert M. Th. Rave die Variationsbreite der Bildelemente im Vergleich zu den vorhergehenden Arbeiten fast ausschließlich auf Rechtecke, die sie über- und nebeneinandersetzt. Die Kompositionen sind formal vornehmlich flächig konstruiert, erzeugen jedoch durch kaum wahrnehmbare Schattierungen innerhalb der Felder und gezielt gesetzte Diagonale eine subtile Tiefenwirkung. Diese wird durch helle und dunkle Farbwerte, die die Flächen optisch vor- oder zurücktreten lassen, noch verstärkt.

1965 entstehen die Arbeiten „Schräges rotes Rechteck" (WVZ 65/5, S. 42) und „Raum mit pompejanisch roten Flächen" (WVZ 65/6, S. 47), die sich mit den optischen Ausdrucksmöglichkeiten und Spannungsverhältnissen der Farbe Rot auseinandersetzen. Im „Schrägen roten Rechteck" wird das dynamische Verhalten der Diagonale betont. Das sofort ins Auge springende leuchtend rote Rechteck wird durch eine in die linke Bildhälfte gezogene diagonale Linie zu einem dunkelroten Rechteck geleitet, das die Bewegung auffängt und als Gegengewicht fungiert. Am linken und am unteren Bildrand ist ein schwarzer Streifen gezogen, der das dunkelrote Rechteck hinterfängt und eine hintereinandergestaffelte

Papiertier 65/2

Räumlichkeit suggeriert. Das Bild kann als Vorläufer einer Werkgruppe gesehen werden, die die Künstlerin von 1966 bis 1968 geschaffen hat.
Die Gouache „Raum mit pompejanisch roten Flächen" von 1965 zeigt eine objekthafte Raumarchitektur, die einen ausgesprochenen Bühnenbildcharakter hat. Der Betrachter betritt einen weiß glänzenden Boden, in dem sich die auftürmende Architektur zu spiegeln scheint. Im linken Vordergrund ist eine rote Stellwand aufgebaut, um die man herumgehen könnte. Vertikale und leicht diagonale schwarze Streben unterstützen die Gliederung des Bildaufbaus und stellen gleichzeitig einen Farbkontrast zu den verschiedenen Rottönen dar, die die Künstlerin in den Flächen aufeinandertreffen läßt. Innerhalb der Felder changieren die Rottöne von dunklem, sattem Rot zu helleren Farbwerten. Ein hell weißer und zart blau getönter Hintergrund rückt die Raumarchitektur optisch nach vorn.

In zwei weiteren Bildern aus dem Jahr 1965 experimentiert M. Th. Rave mit der Technik der Collage. In der Komposition „Pflug" (WVZ 65/1, S. 51) verwendet sie einmalig Zeitungsausschnitte, die sie, auf dem Kopf stehend, als grafische Elemente in den Bildaufbau aufnimmt. Im Mittelpunkt der Komposition dominieren flach gehaltene, lang gezogene, diagonale Keile in Schwarz von links unten nach rechts oben das Bild. Zum rechten Bildrand hin knicken die Keile ab und falten sich nach oben hin auf. Das typische perspektivische Wechselspiel von Auf- und Untersicht beschränkt sich auf das diagonale Formobjekt. Es liegt auf einem Grund aus mehreren ockerfarbenen und schwarzen, einem hellblauen und einem roten länglichen Rechteck. In den Grund sind die Zeitungsausschnitte integriert. Ob diese im Sinne des synthetischen Kubismus als ‚objets trouvés', als Versatzstücke aus der Realität gedeutet werden können, ist schwer zu sagen, da die Künstlerin mit Schrift bedrucktes Papier tatsächlich nur dieses eine Mal benutzt. Vielleicht ist sie im Experiment mit den Materialien eher zufällig auf das Zeitungspapier gestoßen. Der Text jedenfalls ist beliebig und kann keinen Hinweis auf eine inhaltliche Deutung liefern.

In einer später entstandenen, unbetitelten Gouache (WVZ 65/7, S. 50) intergriert M. Th. Rave nur wenige aquarellierte Teile in die Komposition. Wie im „Pflug" ist auch dieses Bild mit Bleistift überzeichnet. In seinem Aufbau schließt es an die Raumkompositionen an, in denen die Bildebenen vexierbildartig miteinander verschränkt werden. Auffällig sind harte Hell-Dunkel-Kontraste und großflächige Farbsegmente, vor allem in Schwarz.

Ab 1966 beginnt eine Werkphase, in der die Künstlerin stark farbig und eher formreduziert arbeitet. Nach einer kleinen Serie von Bleistiftzeichnungen (WVZ 66/1 bis 66/3, S. 109–110), in denen sie perspektivisch verschachtelte Architekturobjekte aus geometrischen Formen aufbaut, entstehen Arbeiten, die den Eigenwert der Farben in ihrem Zusammenklang und die unmittelbare Darstellung der konkreten Bildelemente Fläche, Linie, Volumen, Raum und Farbe betonen. Die dynamischen, verschachtelten Durchdringungen der Formen, die für die meisten Arbeiten aus den Fünfziger Jahren charakteristisch waren, weichen einer ruhigeren, monumentaleren Anordnung großflächiger geometrischer Formelemente. Die Hintergründe, die seit Anfang der Sechziger Jahre als Umräume den abstrakten Bildkonstruktionen Objektcharakter verleihen, werden als eigenständige abstrakte Elemente in den Bildaufbau integriert. Die räumliche Tiefenwirkung weicht in manchen Bildern einer Flächenkonstruktion.

Das schwarze V
66/7

Ohne Titel
67/2

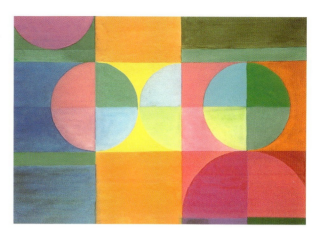

Komposition mit bunten Kreisen
66/8

Die Komposition „Das schwarze V" (WVZ 66/7, S. 22) zeigt eine Anordnung von primärfarbenen Recht- und Dreiecken vor einem schwarzen Grund, der am oberen Bildrand mit einem roten und einem braunen Streifen abschließt. Von links unten aufstrebend ragt ein Rechteck bis zur Bildmitte, wo es in ein Dreieck übergeht. Das Rechteck ist in verschieden gemischte blaue, gelbe und rote Dreiecke, Rechtecke und Trapeze unterteilt. Die Figur wird von einer dominanten schwarzen V-Form aufgefangen, die wie ein dreidimensionales Dreieck aus dem Bild zu ragen scheint. Das räumlich indifferente Formobjekt ist in einen roten und blauen Rahmen gestellt, der der Komposition einen bühnenbildhaften Charakter verleiht.

In der „Komposition mit bunten Kreisen" (WVZ 66/8) verzichtet M. Th. Rave auf räumliche Perspektivwechsel. In ein ausgewogenes Gerüst aus Rechtecken in Blau, Rot und Gelb sind farblich unterteilte Kreise und Kreissegmente integriert, die miteinander in Wechselwirkung treten. Die Spannung innerhalb der Komposition beruht diesmal vor allem auf den optischen Eigenschaften der Farben.

Drei weitere Arbeiten aus den Jahren 1968 und 1969 führen die Farbexperimente weiter. In den „Kompositionen in Rot und Grün I und II" (WVZ 67/4 und 67/8, S. 24) und einer Gouache „Ohne Titel" (WVZ 68/5, S. 25) geht es der Künstlerin vornehmlich um die Visualisierung des Zusammenspiels von Komplementärkontrasten in Verbindung mit konkreten Formen. Wie in den meisten Bildern aus dieser Serie steht die Farbe Rot im Vordergrund. Eine Ausnahme stellt die Gouache „Pastellfarbene Flächen vor hellblauem Hintergrund" (WVZ 67/7, S. 49) dar. In diesem Bild sind vertikal ausgerichtete Rechtecke und Trapeze als ausgewogen ruhiges Ensemble auf einer dunklen Farbzone in der unteren Bildhälfte arrangiert. Links von der Mitte bildet ein segmentierter Kreis einen kompositorischen Schwerpunkt. Ein monochromer hellblauer Hintergrund vermittelt im Zusammenspiel mit dem als Bodenzone empfundenen dunklen Farbstreifen den Eindruck einer Landschaft. Diese Art der Hintergrundsgestaltung wird für die Künstlerin in den folgenden Jahren ein zentrales Thema.

1969 wendet sich M. Th. Rave wieder verstärkt der Konstruktion von verschachtelten, perspektivisch uneindeutigen Objektarchitekturen zu, die sie vor hintergründigen Farbzonen arrangiert. Sie läßt diesen Hintergründen immer mehr Raum und entwickelt sie zu einem konstituierenden Element der Bildaussage. Die Verwendung meist heller, monochromer Farben suggeriert Luft, Himmel, Erde und Weite, verleiht den Kompositionen einen atmosphärischen Charakter und imaginiert Natur. In diesen Umräumen erzeugen die Objekt-

Komposition in Rot und Grün I 67/8

Komposition in Rot und Grün II 67/4

architekturen einen fast metaphysischen, surrealen Eindruck. Im Unterschied zu surrealistischen Kompositionen oder zur pittura metafisica bedient sich M. Th. Rave aber nicht magisch arrangierter gegenständlicher Darstellungsmittel und bemüht sich auch nicht, unterbewußte subjektive Empfindungen und Gefühle oder gar Traumvisionen mit Hilfe realistischer oder überrealistischer Ausdrucksmittel zu visualisieren. Sie verleiht vielmehr den abstrakten Bildelementen Objektcharakter und führt sie an die Grenze zur Gegenständlichkeit. In der „Komposition mit horizontalen Flächen" (WVZ 69/2) und in dem Bild „Die Uhr" (WVZ 69/3) wird dieses Verfahren besonders deutlich. In beiden Darstellungen dominieren die Farben Braun, Schwarz und Orange in Kombination mit Grau- und gedeckten Blautönen. M. Th. Rave arrangiert in diesen Bildern die für sie typischen geometrischen Formen so, dass sie in begehbar scheinenden, bühnenhaften Räumen mit mehreren Blickpunkten als konkrete Objekte vorkommen. Diese Objekte bilden keine äußere oder subjektiv empfundene Wirklichkeit ab, sondern entwickeln eine bildimmanente, konkrete Realität. Sie beziehen sich aufeinander, verweisen nicht auf etwas außerhalb des Bildes.

Die Uhr 69/3

Komposition mit horizontalen Flächen 69/2

Ohne Titel 68/5

Wie ein Bühnenbild 68/2

Die Siebziger Jahre

Zu Beginn der Siebziger Jahre verlegt M. Th. Rave ihre polymorphen Kombinationen aus Flächen, Linien und Kreisen immer mehr in die untere Bildhälfte.
Die Gouachen „Flugkörper steigend" und „Flugkörper sinkend" (WVZ 70/1a und 70/1b, S. 52, 53) sind bezeichnend für diese neue Phase der Auseinandersetzung mit der Figur und der Bewegung im Raum. Die beiden Bilder sind – wie kompositionelle Lehrstücke – vergleichend zu betrachten. In der Farbgebung und im Aufbau der Hintergründe sind sie fast gleich: schwarze Bodenzonen im unteren Bilddrittel, darüber die Objektkonstruktionen aus blauen, grünen, hellbraunen, weißen und schwarzen Flächen, über denen sich gelbe Hintergründe mit zarten Lavuren ausbreiten. Der Unterschied, auf den die Titel verweisen, liegt in der Bewegungsrichtung der Bildobjekte. Der „steigende Flugkörper" mit seiner ellipsenförmigen, weißen und hellblauen Spitze erhebt sich in einer diagonal aufstrebenden Bewegung aus der Bildmitte nach rechts oben. Die Richtung wird durch die diagonale Seite einer Trapezform am rechten Bildrand weiter geführt. In dem zentralen Körper, ihn zum Teil überlagernd und durchdringend, ist eine kleinere, walzenförmige Figur mit einer nach oben gerichteten Spitze dargestellt. Diese Figur verleiht durch ihre Position und eine lichte Farbigkeit der aufsteigenden Richtung noch mehr Dynamik. Es scheint, als könne sie jeden Augenblick wie eine Rakete losschießen.
Im Gegensatz dazu schwebt der „sinkende Flugkörper" in sanfter Bewegung nach unten. Zwei diagonal nach links und rechts weisende, verschränkte, nach unten abgerundete Rechtecke bilden den Körper. Zur rechten Seite hin ist das Objekt mit einem aufragenden

schwarzen Rechteck hinterlegt, von dem es optisch nach unten gedrückt wird. M. Th. Rave gelingt es, durch wenige, aber höchst effizient arrangierte Unterschiede im kompositionellen Aufbau zwei völlig verschiedene Bewegungswahrnehmungen visuell umzusetzen.

Im Jahr 1971 bricht sich M. Th. Rave die Hand und ist dadurch in ihrer künstlerischen Produktion sehr eingeschränkt. Es entstehen nur zwei Bilder, eine Überarbeitung einer Komposition von 1961 „Ohne Titel" (WVZ 71/1, S. 48) und die Gouache „Bunte Scheiben auf Rechtecken vor blauem Grund" (WVZ 71/2, S. 114). Die Reduktion der formalen Einzelelemente ist in diesem Bild weiter ausgeführt. Planimetrische Formen wie Kreise und Rechtecke sind als formales Ensemble in einen weiten Bildraum gesetzt, der durch eine schwarze Bodenzone und einen blauen Hintergrund definiert ist. Die Künstlerin verzichtet in dieser Komposition weitgehend auf vexierende Elemente, betont aber die Harmonie der konkreten Darstellung der einzelnen Formen und Farben in ihrer Wechselwirkung aufeinander und ihr Verhalten im Raum.

Stilleben auf
abstraktem Hintergrund II
73/4

1972 entsteht die Komposition „Rotes Schiffchen" (WVZ 72/1, S. 43). Der Hintergrund ist in zwei Zonen eingeteilt. Knapp unterhalb der optischen Mitte beginnend zieht sich eine monochrom ockerfarben leuchtende Fläche nach oben. Die untere Bildhälfte wird von einer schwarzen Fläche dominiert. Auf diesem Grund ist ein geometrisch konstruiertes Objekt aus verschieden roten, violetten und ebenfalls ockerfarbenen Flächen in klarem Umriss dargestellt. Nach rechts ausgerichtet weist eine herausragende Dreiecksform mit ihrer Spitze wie ein Pfeil genau auf die Trennlinie zwischen den hintergründigen Farbflächen. Die Linie wird innerhalb der Objektkonstellation als Flächen aufteilendes, gliederndes Element weitergeführt und fungiert so in zweierlei Hinsicht: als Bindeglied zwischen Figur und Raum und als formkonstituierendes Element innerhalb der Figur.

1973 wendet sich M. Th. Rave, möglicherweise im Zusammenhang mit ihrer Kursleitung der „Dahlemer Dienstagsmaler", wieder der gegenständlichen Malerei zu. Sie malt eine Reihe von Stilleben mit Pflastersteinen, Atelierutensilien und anderen Dingen des täglichen Lebens (WVZ 73/1 bis 73/4, S. 115). In dem „Stilleben auf abstraktem Hintergrund II" (WVZ 73/4) sind eine Rolle Klebeband und zwei Vasen auf einem weißen Tuch oder Papier dargestellt, das sich über eine in bräunlich-gelblichen und grauen Valeurs gehaltene Zone legt und sich nach hinten herunter wölbt. Die Gegenstände sind von einer Lichtquelle rechts oben ausgeleuchtet und werfen harte Schatten. Der Hintergrund ist in lichtem, lavierend aufgetragenem Grün-Blau gehalten. Das Realistische der Darstellung der Gegenstände wird durch Details im Arrangement der Szene unterlaufen: Die Fläche, auf der die Vasen und die Rolle eng nebeneinander zu stehen scheinen, ist mit etwas Phantasie als Tisch oder Brett deutbar, ähnelt aber eher einer schiefen Ebene, von der die Gegenstände herunterrutschen müssten. Der Eindruck einer Tiefenräumlichkeit, der durch das Volumen der Gegenstände und die Schatten entsteht, wird durch den abstrakten Umraum wieder in Frage gestellt. Interessant ist, dass M. Th. Rave die Gegenstände in diesem Bild ganz ähnlich wie die in den Sechziger Jahren entwickelten konstruierten Formkonstellationen behandelt. Sie stellt sie in abstrakte Räume mit einem Hintergrund. Durch dieses Verfahren macht sie Assoziationen an surrealistische oder phantastische künstlerische Positionen möglich.

Ein Jahr später, 1974, rückt M. Th. Rave von der künstlerischen Auseinandersetzung mit Gegenständen wieder ab und formuliert erneut abstrakte Bildobjekte. In diesem Jahr hat sie eine Einzelausstellung in der Galerie Gerda Bassenge in Berlin, in der Arbeiten von 1962 bis 1972 gezeigt werden. Zur Eröffnung erscheinen ca. 100 Besucher, die der Künstlerin begeistert Komplimente machen, wie sie in ihrem Tagebuch notiert. Auch die Presse nimmt Kenntnis von der Präsentation. In einem Artikel des „Tagesspiegel" vom 20. Februar beschreibt Erika Lippki die Arbeiten M. Th. Raves als „...Kombinationen aus farbigen Flächen, geometrischen Ornamenten und komplementären Farbwerten...", die von der Künstlerin „... wie freihändig mit dem Pinsel konstruiert..." wirkten. Die Autorin erkennt einen „malerischen", „emotionellen Konstruktivismus", dessen Wirkung auf der behutsamen Komposition der Felder, Quadrate und Kreise und der chromatischen Farbstrahlen basiert. „Nicht die Systematik angeordneter, aufgeteilter Räumlichkeit und ihrer weitläufigen Dimension besticht hier, sondern der kompositorische Umgang mit abstrahierten Flächen in ihrem wechselseitigen Verhalten. [...] Ihre Arbeiten wirken wie Licht- und Schattenkonstruktionen, wobei die entstandenen Valeurs eine eigene Selbständigkeit erhalten. Rhythmische Variationen gibt sie einigen ihrer Bilder, wenn sie zarte Linien in Rhomben, Zick-Zack- oder Schachbrettmustern einen Kreis oder ein Quadrat stören läßt. Und doch verlieren ihre Bilder nicht das konstruktive, das gesetzmäßige, das funktionelle Element; sie werden nicht zum simplen Farbmosaik oder zur ornamentalen Farbaktion. In allen Bildern teilt sich die Wahrnehmung einer ins Malerische umgesetzten Natur mit, einer Natur, die nicht den Gegenstand zur Kunst macht oder deren gegenständliche Beschreibung, sondern deren Imagination. ..."
Auch „Die Welt" bringt am 4. Februar eine Rezension. Unter dem Titel „Fenster zu einer visuellen Welt" bescheinigt Philip Peter Schmidt der Künstlerin die Fähigkeit zum visuellen Aufbau einer „.... polymorphen Gedankenarchitektur ausschließlich aus Farben, Linien und Flächen, ... die gänzlich ohne Schwerkraft auskommt."
Die Ausstellung ist ein großer Erfolg für M. Th. Rave. Zum ersten Mal kann sie einem breiten Publikum die Arbeiten aus ihrer bisher produktivsten Schaffensperiode zeigen. Die positive Resonanz scheint sie jedoch nicht lange zu motivieren. In den folgenden zwei Jahren malt die Künstlerin nur wenig. Ihre Hand macht Probleme, weshalb sie nun vor allem kleine Formate verwendet und früher entstandene Bilder überarbeitet.
Im November 1975 stellt M. Th. Rave eine Serie von Bildern in der Praxis ihrer Bekannten Gunda Köppen aus.
1975 entsteht die Gouache „Vertikale Flächen nach rechts tendierend" (WVZ 75/1, S. 41), die im Bildaufbau an die aufstrebend vertikal ausgerichteten, prismatisch gebrochenen

Kompositionen der späten Fünfziger und frühen Sechziger Jahre wie z. B. „Splitternd" von 1957, die „Komposition auf hellblauem Hintergrund" von 1962 oder die „Komposition in Blau und Braun" von 1964 erinnert. In der Tat handelt es sich bei den „Vertikalen Flächen..." um eine Überarbeitung eines Bildes von 1964.

1977 beginnt eine außerordentlich produktive Phase für M. Th. Rave. In einem Jahr malt sie 22 große Bilder. Die Künstlerin knüpft an Bildformulierungen aus den frühen Siebziger Jahren an und gestaltet nun verstärkt objekthafte, lang gezogene Gebilde aus sich überschneidenden Rechtecken und verschiedenwinkligen Dreiecken in Kombination mit Kreisen oder Kugeln. Die Objekte vollziehen meistens eine Bewegung von links unten nach rechts oben. Schließlich lösen sie sich gänzlich vom Boden ab und beginnen wie Flugobjekte zu schweben. Die Hintergründe sind in fast allen Bildern aus dieser Zeit in lavierenden Farbstreifen gehalten, die den Eindruck weiträumiger Landschaften vermitteln.
In den Gouachen „Schwebend zwischen Grün und Blau" (WVZ 77/5) und „Komposition mit großen und kleinen Kreisen" (WVZ 77/9) wird die Entwicklung zum schwebenden Objekt deutlich. Beide Bilder entstanden im Februar.

Schwebend zwischen Grün und Blau 77/5

Komposition mit bunten großen und kleinen Kreisen 77/9

"Schwebend zwischen Grün und Blau" zeigt eine Konstruktion aus großen, ineinander verschobenen Kreisen, die von waagerechten und diagonalen Flächensegmenten durchzogen sind. Die untere Zone des Bildes ist mit einem grünen Farbstreifen hinterlegt, darüber ist ein Hintergrund aus blauen Tönen bis an den oberen Bildrand gezogen. In den Segmenten der Objektkonstruktion treten die Komplementärfarben Rot und Gelb untereinander und mit dem Hintergrund in ein spannungsvolles Wechselspiel.
Die „Komposition mit großen und kleinen Kreisen" durchbricht den Eindruck von Schwerkraft, indem sie einen großen roten Kreis – das größte Formelement in der Komposition – deutlich abgerückt von der optischen Bildmitte in eine Position in der rechten oberen Bildhälfte, also außerhalb des Strukturgerüstes der senkrechten und waagerechten Mittelachsen und der Diagonalen setzt. Der Kreis wird optisch zum rechten oberen Bildrand

gezogen, kein kompositorisches Gegengewicht hindert ihn daran. Wie ein Komet zieht er einen Streifen von diagonalen und waagerechten Linien mit kleineren Kreisen hinter sich her. Sie unterstützen den visuellen Eindruck der Bewegung nach oben.

Zwei weitere Bilder aus den Monaten Februar und März 1977 zeigen das Interesse der Künstlerin an kompositionellen Experimenten mit dem Thema Schwerkraft und Gewichtverteilung im Raum. In der „Komposition mit Kreisen, Gelb auf Blau" (WVZ 77/6, S. 54) ist auch ein sich nach rechts oben bewegender Kreis dargestellt, dessen Gewicht allerdings durch eine Konstruktion von zwei sich überschneidenden Kreisen in Kombination mit weiteren geometrischen Formen in der linken Bildhälfte aufgefangen wird. Auch hier spielen Komplementärfarben und die optischen Eigenschaften der Farbwerte eine Rolle im Wechselspiel zwischen schwerem und leichtem, vorder- und hintergründigem Eindruck der einzelnen Bildelemente und im Gesamtgefüge der Komposition. Neben der formalen Betonung der Diagonale von links unten nach rechts oben, die für die gesamte Werkgruppe bis 1980 charakteristisch bleibt, ist in diesem Bild ein Element eingeführt, das häufig verwendet wird: ein die Bewegungsrichtung unterstreichender Schwung – in diesem Bild sind es blaue und gelbe Farbstreifen, die sich bis zum Bildrand hinunterziehen –, der die Objekte nach unten hin wie die Kufe eines Schlittschuhs oder der Rumpf eines Schiffes abschließt.

Die Gouache „Märzgezwitscher" oder „Objekt am Boden" (WVZ 77/10, S. 55) zeigt einen ähnlichen Bildaufbau wie die vorhergegangenen Kompositionen. Kreise und andere geometrische Elemente bilden ein in Teilen prismatisch gebrochenes, weit auseinanderklappendes Objekt mit einem dominanten Kreis in der rechten Bildhälfte. Interessant ist in dieser Arbeit der Kontrast zwischen den exakt konturierten, intensiv farbigen Feldern des Objektes und dem Hintergrund, der in breiter, malerischer Gestik und in gedämpfter Farbigkeit gestaltet ist.

Auch in der Komposition „Fanfaren" (WVZ 77/11, S. 57), die kurze Zeit später entsteht, löst M. Th. Rave eine geschlossene Objektarchitektur auf zugunsten einer dynamischen, aufgeklappten, an kinetische Objekte erinnernde Formkonstellation. Die vorherrschende Bewegungsrichtung verläuft wieder von links nach rechts. Sie wird von einer gebündelten, diagonal aufstrebenden Formation aus Rechtecken und Trapezen beschrieben. Ein Kreis an der Spitze dieser Formation erscheint wie das Rad einer Maschine, an der wie ein Hebel die zweite Formation angeschlossen ist. Sie führt zurück durch den Bildraum nach links, bricht ab und endet in einer nach oben aufklaffenden Kugel am linken Bildrand.

Münster 77/18

Eisberge 77/19

Eine Ausnahme, die man schon fast eine Regel nennen könnte, stellen die beiden Bilder „Münster" (WVZ 77/18, S. 29) und „Eisberge" (WVZ 77/19, S. 29) dar, die M. Th. Rave im Juli 1977 malte. Eine Ausnahme sind sie deshalb, weil sie im Titel und einzelnen Bildfragmenten konkret auf die sichtbare Realität verweisen. Solche ‚Ausflüge' gibt es im Werk M. Th. Raves immer wieder, wenn auch selten. Es ist aber nicht das Gegenständliche, das in der Realität Wiedererkennbare, das sich wie ein roter Faden durch M. Th. Raves künstlerische Entwicklung zieht. Der rote Faden in ihrer Arbeit ist die konkrete Umsetzung geometrisch-abstrakter Bildelemente. So ist in dem Bild „Münster" durch den Titel zwar der Hinweis auf die Stadt gegeben. Der Betrachter kann die Doppelturmfassade einer Kirche, wahrscheinlich des Münsteraner Doms, ausmachen. Die Komposition verweist aber auf keine weiteren topographischen Motive, sondern bleibt vielmehr der Konstruktion konkreter Bildelemente verpflichtet. Ähnlich ist es bei den „Eisbergen". Gäbe es den Titel nicht, könnte man die weißen, verschachtelten Dreiecke vor dem hellblauen Hintergrund auch als rein abstrakte Formation begreifen und nicht als Wirklichkeitsfragment. Bezeichnenderweise hat dieses Bild – wie etliche andere auch – einen zweiten Titel, „Weiße Segel am Horizont", den die Künstlerin zu einem anderen Zeitpunkt nach der Entstehung des Bildes erfunden hat. Hat man sich als Betrachter aber erst einmal auf das Erkennen des Motivs „Eisberge" eingelassen, erscheinen auch die anderen Bildobjekte als Zeichen für die Wirklichkeit erkennbar. So mutiert die Formenkonstellation im unteren Bereich des Bildes zur weitgezogenen, pflanzenbewachsenen Uferlandschaft mit Felsen, die sich bis in ein nordisch-kaltes Meer hineinziehen. In der Gouache „Münster" erscheinen demnach einzelne Formelemente als Straße, Häuserblock, Fensterladen, Gesims oder Treppe und vermitteln den Gesamteindruck ‚Stadt mit Kirchen'.

Sonnenregenstimmung 77/20

Es ist schon bemerkenswert, dass die Künstlerin ihre Bilder im nachhinein manchmal mit Titeln versah, die etwas Erkennbares, Assoziatives oder Poetisches bezeichnen. Man kann aber nicht davon ausgehen, dass sie den Betrachtern ihrer Bilder damit eine bestimmte Sehweise vorschlagen wollte, sondern es verhielt sich wohl vielmehr so, dass sie selbst plötzlich etwas ‚erkannte', was sie im Entstehungsprozess jedoch nicht intendiert hatte. Auch die Komposition „Sonnenregenstimmung" (WVZ 77/20), entstanden Anfang August 1977, hat einen weiteren Titel, „Regenbogenfarbig". Der Aufbau des geometrischen Bildobjekts ist formal ähnlich wie in „Eisberge": exakt konturierte, teilweise prismatisch gebrochene, überblendende Farbsegmente definieren eine umrisshafte, in die Horizontale gedehnte, transparent anmutende Formenkonstellation. Die Immaterialität des Gebildes wird durch den atmosphärischen, in die weiträumige Tiefe gezogenen Hintergrund und eine subtile Lichtführung unterstrichen.

Mondbild III 78/10

Zum 75. Geburtstag M. Th. Raves im April 1978 präsentieren Jan und Rolf Rave in ihrem Architekturbüro in der Knesebeckstraße eine Accrochage der Gouachen ihrer Mutter aus dem Jahr 1977. M. Th. Rave beginnt in diesem Jahr mit einer Serie von sechs Arbeiten, die sie „Mondbilder" nennt. Diese Bilder sind paradigmatisch für die Auseinandersetzung mit den Themen Raum, Objekt, Bewegung und Gewichtverteilung in der Werkphase von 1977 bis ca. 1980. Alle Bilder aus der Serie haben die typische Hintergrundgestaltung aus lavierenden Farbzonen, die Assoziationen von weiten Landschaften oder Meeresufern unter bedeckten Himmeln hervorrufen. Im „Mondbild III" (WVZ 78/10) hat M. Th. Rave eine horizontal ausgezogene Formation aus geometrischen Elementen in der unteren Bildhälfte angelegt. Parallel gesetzte, diagonale Linien bezeichnen eine Bewegungsrichtung von links unten nach rechts oben, wie sie die Künstlerin schon im Vorjahr immer wieder formuliert hat. Über der Formation schwebt eine einzelne, rötliche Kugel. Diese Loslösung eines einzelnen Elementes aus einer Formenkonstellation ist neu. M. Th. Rave variiert dieses Thema in den ersten drei Bildern der Serie. Sie fügt weitere, kleinere Elemente hinzu, verändert die Größe der Kugeln und ihre Positionen im Bildraum.

Im „Mondbild IV" (WVZ 79/7, S. 59) konstruiert M. Th. Rave ein schwebendes Gebilde aus mehreren großen Kreisen, die sich zum Teil überlagern und durch ein System waagerechter Linien und verschachtelter geometrischer Elemente miteinander verbunden sind. Eine Formenkonstellation ist entstanden, die den oberen Bildraum einnimmt. Im unteren Bildbereich befindet sich eine Zone aus dunklen, breiten Farbsegmenten. In der Mitte dieser Zone befindet sich eine Objektkonstellation aus kleineren Segmenten in hellen, leuchtenden Farben.

„Mondbild V" (WVZ 79/8, S. 58) nimmt den Bildgedanken des großformatigen, schwebenden Objektes auf. Der Kreis oder die Kugel sind verschwunden. Stattdessen setzt M. Th. Rave eine Konstellation aus hell leuchtenden gelben, orangen, roten und blauen Rechtecken, Trapezen und Dreiecken in die Mitte des Bildes, läßt sie in dunklere Segmente übergehen und führt sie bis an den oberen Bildrand. In der Mitte des Bildes ist waagerecht eine weiß-gelbe, lavierende Farbzone eingezogen, aus der die Objektkonstellation aufzusteigen scheint.

Im letzten Bild der Serie (WVZ 79/9, S. 121) ist die ‚Wanderung' der Objekte durch den Bildraum und die Separierung einzelner Teile beendet. Das Bildobjekt – eine Formation sich durchdringender Elemente – schwebt nicht mehr, sondern ist zum ‚Boden' gesunken – wie in den Gouachen „Abgesunken grün" (WVZ 79/4) und „Absinkend blau" (WVZ 79/5), die aus demselben Jahr 1979 stammen.

Abgesunken grün 79/4

Absinkend blau 79/5

Sich abhebend 79/6

Ohne Titel VII/1

Die Achtziger Jahre

Nach der produktiven Zeit der späten Siebziger Jahre kommt es 1980 zu einem Einbruch. M. Th. Rave leidet unter Depressionen und ist kaum in der Lage zu arbeiten. Die wenigen Bilder, die sie malt, variieren das Thema der schwebenden Objekte vor weiträumigen Landschaften. Eine Serie postkartengroßer Bleistiftzeichnungen entsteht.
1981 werden in der Berlinischen Galerie in verschiedenen Ausstellungen Bilder von M. Th. Rave präsentiert, die sie dem Museum 1978 geschenkt hat.
Die Schaffenskrise endet erst 1982 mit einer breit angelegten Serie von fast dreißig großformatigen, unbetitelten Bleistiftzeichnungen, die thematisch an die Zeit vor der Krise anknüpfen: schwebende Objekte (WVZ 82/25, S. 124), verschachtelte, facettierte Objektkonstellationen vor einem weiten Hintergrund (WVZ 82/18, S. 124), nach rechts oben steigende Kreisformationen in Kombination mit Kegeln (WVZ 82/3, S. 34) und in Diagonalen verspannte Rechtecke, Trapeze und Pyramiden (WVZ 82/6, S. 34). In diesen Bildern nutzt M. Th. Rave die graphischen Möglichkeiten der Bleistifttechnik voll aus. Stark schraffierte, schwarze Bereiche stehen im Kontrast zu weißen. Weiche, graue Valeurs modellieren Kugeln und Kegel, definieren die Hintergründe.
Neben den Bleistiftzeichnungen gestaltet M. Th. Rave in diesem Jahr zwei Collagen, die sie auch „Klebebilder" nennt. Schon immer hatte sie hin und wieder Bilder, die sie für ausdrucksschwach oder misslungen hielt, zerschnitten, neu zusammengefügt und überklebt.

Ohne Titel 80/4

1983 veranstaltet die „Off Galerie" in Berlin-Steglitz eine Einzelausstellung „Maria Theresia Rave-Faensen" zum 80. Geburtstag der Künstlerin. Der Publikumsbesuch ist sehr gut und es werden viele Verkäufe verzeichnet. Anläßlich der Ausstellung erscheint am 10. April unter dem Titel „Eine heitere Pessimistin" ein Portrait M. Th. Raves von Ilse Drews im „Tagesspiegel", in dem die Lebensstationen der Künstlerin geschildert werden. Der Kunsthistoriker Hermann Wiesler verfasst einen Text über eine Zeichnung von M. Th. Rave (WVZ 82/3), die auf der Einladungskarte zur Ausstellung abgedruckt wird: „Zwei Scheiben sind verschoben nebeneinander gestellt; darauf Stücke von Quadern, Walzen, Kegeln; die verschiedenen Schnittflächen teils verschattet, teils metallisch spiegelnd. Schatten, Lichtbrechungen und konstruktive Verschränkungen verbinden beide Scheiben-Reliefs. [...] Das ganze ist definiert aus kleinteiligen und entschlossenen, kräftigen und zarten Bleistiftlagen. Fast spielerisch gewinnt das Blatt monumentale Bild-Wirkung. – Es gibt keinen surrealistisch zu deutenden literarischen Inhalt. Eher ist da das Erinnern an ein verschattetes kubistisches Relief, das in einer einfach-komplizierten aperspektivischen Räumlichkeit zu schweben scheint – was am unteren Bildrand als eine dem Betrachter parallele durchgehende Fläche erscheint, lichtet sich links zum fernen Horizont und steht als ungegründete harte Wandfläche rechts. [...] Eine Arbeit, die das Erhabene konstruierter Scheiben-Figuren bewußt hinüberspielt in eine aus träumerischem Realitätssinn kontrollierte Landschaft. Eine Kunst ohne Pathos, die ruhig und gelassen Ansprüche an wachen Augensinn stellt. [...]"

Ohne Titel 82/6

Ohne Titel 82/3

Jan zum 50sten 84/11

Ab 1984 arbeitet M. Th. Rave fast ausschließlich mit der Technik der Collage. Sie verwendet verschiedene Materialien, Seidenpapier, farbigen Karton und Papiere, die sie in Teile reißt oder schneidet, neben- und übereinander klebt und mit Gouache, Aquarell, Kreide, Bleistift und Buntstift weiter überarbeitet. Der Produktionsprozess des Reißens und das Verhalten von Papieren auf Klebstoff konfrontieren die Künstlerin mit einem Zufallsfaktor, den sie in ihrem bisherigen Arbeiten konsequent ausgeklammert hat. Nun versucht sie, das Unkontrollierbare in den Griff zu bekommen. Thematisch und kompositorisch erinnern die meisten Collagen an die zersplitterten, vertikal aufstrebenden Objektarchitekturen der späten Fünfziger und frühen Sechziger Jahre, erweitert durch die neue Materialität und Eigenfarbigkeit der verwendeten Papiere und Kartons.
In den Collagen „Bild im Bild mit Lila" (WVZ 84/22, S. 64) und „Floral diagonal" (WVZ 84/21, S. 65), zwei seltenen Hochformaten, gestaltet M. Th. Rave Objektformationen, die formal stark an ihre Gouachen aus früheren Jahren angelehnt sind. In beiden Bildern sind streifenartige Hintergründe aus großflächigen verschiedenfarbigen und aquarellierten Papieren gesetzt. In „Bild im Bild mit Lila" verschränkt die Künstlerin vor allem geschnittene, lange, schmale Papierrechtecke zu einem im unteren Bildbereich in einem Rechteck gebündelten, sich nach oben entfächernden Gebilde mit einer Neigung nach links. Diese Formenkonstellation steht in sich geschlossen vor dem Hintergrund und kann tatsächlich als „Bild im Bild", wie der Titel es bezeichnet, gesehen werden. In der Mitte dieses „Bildes im Bild" dominiert ein senkrechter, braun-grüner Streifen vor einer weißen und rosafarbenen, gerissenen Papierfläche. Rechts davon ragt ein schmaler, trapezoider Streifen in Hellgrün in den oberen Bildbereich und schließt die Formation nach rechts und oben ab. Die Lavuren der aquarellierten Segmente verleihen der Darstellung einen malerischen Charakter und setzen Hell-Dunkel-Werte. Mit dem Bleistift werden in zarten Schraffuren und weichen, ver-

wischten Valeurs Schatten gesetzt. Da die verwendeten Papiere nicht transparent sind, wird das Durchscheinen von Formen mit Bleistiftlinien nachgeahmt. M. Th. Rave betont in dieser Komposition die Linearität der einzelnen Formelemente. Fast alle sind exakt und gerade konturiert ausgeschnitten. Nur drei der Papiere sind gerissen, haben eine unregelmäßige Kontur.

„Floral diagonal" ist technisch sehr ähnlich gestaltet wie das „Bild im Bild". Auch hier verwendet M. Th. Rave vorwiegend sauber ausgeschnittene, farbige und aquarellierte Papierteile, die sie neben- und übereinanderklebt und mit Bleistift überzeichnet. Durch die perspektivische Verschachtelung heller und dunkler Farbausschnitte gelingt der Künstlerin auch in diesem Bild ein spannungsvoller Wechsel zwischen Flächen- und Tiefenräumlichkeit. Im Unterschied zu „Bild im Bild" verwendet sie in dieser Komposition stark geschwungene, vegetabil anmutende Formelemente in gelben, grünen und rötlichen Tonen. Sie umspielen eine leicht nach rechts geneigte Senkrechte, die nach oben strebend durch die auffallend helle Bildmitte gezogen ist. Der Titel mit dem Hinweis auf etwas „Florales" erzeugt im Zusammenhang mit der Farbgebung der vegetabil geschwungenen Ausschnitte die Assoziation von Pflanzen, die an einer Kletterhilfe emporranken,

In der Collage „Jan zum 50sten" (WVZ 84/11, S. 35) – ein Bild, das die Künstlerin ihrem Sohn Jan Rave 1984 zum Geburtstag schenkte – verarbeitet M. Th. Rave neben farbigem Karton auch Seidenpapier. Als Bildträger verwendet sie einen graublauen Karton, den sie in drei Schichten mit unregelmäßig ausgerissenen Kartonteilen in Beige und Braun und Seidenpapier beklebt. Leicht links von der optischen Bildmitte ragt eine sich nach oben verjüngende Form aus hellbeigem Karton empor. Links und rechts davon neigen sich zwei größere Formkonstellationen den Bildrändern zu. Einen besonderen optischen Reiz bilden die Flächen, die mit transparentem Seidenpapier überklebt sind. Das Papier verändert die darunterliegenden Farben: der gedeckt rötlich-orange Ton eines Kartons wird hellrosa, dunklere Brauntöne erscheinen rötlich. Als farbige Akzente in der sonst pastellfarbenen Komposition setzt M. Th. Rave kleine, leuchtend rote Papierteilchen in Kombination mit weißen. Sie fungieren gleichzeitig als Markierungspunkte für bestimmte Bewegungsrichtungen innerhalb der Komposition. Wie in fast allen Collagen nutzt M. Th. Rave auch hier die graphischen Eigenschaften des Bleistifts, um Akzenturierungen, Schatten, Valeurs, Projektionen und Formelemente zu gestalten.

1985 vollzieht sich eine Entwicklung in der Gestaltung der Collagen M. Th. Raves von einer Betonung linearer Elemente, wie sie beispielhaft in zwei Bildern „Ohne Titel" (WVZ 85/1, S. 66 und 85/2, S. 37) zu sehen ist, zu einer Gestaltung von magisch anmutenden Bildräumen wie in „Ohne Titel" (WVZ 85/5, S. 67) und „Burgundische Nonne" WVZ 85/7, S. 68). Im ersten Beispiel (WVZ 85/1) ist die Kombination aus geklebten Papieren mit Bleistift- und Buntstiftzeichnung interessant. Schwarz-Weiß-Kontraste wechseln mit Valeurs in Grau, Grün und Blau. Rote, hellbraune und violette, geschnittene Papierstreifen betonen als rhythmisierende Elemente den Bildaufbau. In der linken Bildhälfte dominiert eine vertikale Konstruktion aus langen Formelementen. Am unteren Bildrand zieht sich eine hellbraune Fläche wie eine Bodenzone entlang. In der Bildmitte befindet sich eine Fläche aus horizontalen Farbvaleurs, die die Assoziation eines Durchblicks in eine Landschaft erlaubt. In der rechten Bildhälfte neigt sich eine Fläche aus in Bleistift gezeichneten kleinteiligen, einander durchdringenden Formsegmenten nach links. Die Fläche überlagert eine hellrote Trapezform, die in leichtem Schwung der Linksneigung folgt und sie betont.

Die Collage „Ohne Titel" (WVZ 85/2) zeigt eine stark verschachtelte Konstruktion rechteckiger, trapezoider, dreieckiger und halbkreisförmiger Elemente. Die Konstruktion wird durch ein paralleles Liniengerüst in eine Kippbewegung nach links gebracht, die durch kreuzweise dagegensteuernde Formenelemente kompositionell aufgefangen wird. Die Formen sind miteinander verbunden, durchdringen und überlagern sich. Es gibt kaum perspektivisch eindeutig zu erfassende Konstellationen. Die Farben innerhalb der Segmente verlaufen teilweise, sind von hellen Streifen durchzogen. Ein einzelnes hellrotes, langgezogenes, schräg nach links geneigtes Rechteck im linken Bildbereich springt optisch ins Auge und vermittelt in Kombination mit einer zur Mitte hinziehenden diagonalen Linie den

Ohne Titel
85/2

Eindruck einer Tiefenräumlichkeit. Wie in den Gouachen aus den frühen Sechziger Jahren spielt M. Th. Rave mit den optischen Eigenschaften der Farben und den verwirrenden Verzerrungen geometrischer Bildelemente, bis sie das Paradox einer spannungsvollen Harmonie innerhalb der Komposition erreicht.

In der Collage „Ohne Titel" (WVZ 85/5, S. 67) errichtet M. Th. Rave auf verschiedenfarbigen Grundkartons eine magische Landschaft. Eine hellblaue Bodenzone mit gerissenen, gelbschwarz und blau verlaufenden aquarellierten Papierelementen vermittelt den Eindruck von Wasser oder einer spiegelnden Fläche. Vertikal aufstrebende Formen aus blau-grauem Karton wechseln mit kontrastreich aquarellierten Papierelementen. Gerade, harte Linien wechseln mit geschwungenen, vegetabil erscheinenden Formen. Eine große, schwarze, den linken oberen Bildbereich ausfüllende Fläche unterstreicht den Eindruck, man befände sich in einer düsteren, zerstörten, traumhaften Landschaft.

Die Komposition „Burgundische Nonne" führt die Idee eines imaginären Raumes weiter. Vor einem braunen Hintergrund ist eine Formenkonstellation auszumachen, die aus einer linearen Bündelung in der linken Bildhälfte in eine kleinteilig zersplitterte hinüberschwingt. Der Verweis auf eine Nonne läßt in einer schwarzen, vertikalen Dreiecksform im linken Bildbereich eine Kutte erkennen. Eine nach links schwingende Form in der Bildmitte kann als spitze Kopfbedeckung gesehen werden. Zusammen ergeben diese Elemente den Anschein einer eilenden Nonne in einem Klostergang.

1986 werden die Collagen M. Th. Raves farbiger, freier und gestischer. In der Komposition „Rosa Fasching" (WVZ 86/8, S. 69) geht die Künstlerin so weit, dass sie schwarze Farbe auf das Bild spritzt und dem Bild einen fast informellen Charakter verleiht. Auf einem rosafarbenen Grundkarton sind blaue, grüne und rote, unregelmäßig geschnittene Papiere geklebt. Einige diagonale Linien durchziehen das Bild und verleihen der Darstellung eine Rhythmik, die die Bewegtheit der einzelnen Elemente, ihr schwirrendes, durcheinandergewirbeltes Chaos strukturiert.

Auch in der Collage „Weiße Wolke" (WVZ 86/9, S. 70) verarbeitet M. Th. Rave stark farbige Papiere, die sie mit aquarellierten Ausschnitten kombiniert. Aus einer stark verschachtelten, bunten Formation verschiedener Einzelelemente erhebt sich ein großes, blaues Trapez. Die Künstlerin überklebt diesen Bereich mit weißem Pergament. Die Transparenz und Leichtigkeit des Materials korrespondiert mit den zarten Lavuren einiger Teile aus der bunten Formation in der unteren Bildhälfte.

Die Collage „Ohne Titel" (WVZ 86/12, S. 71) zeigt eine bunte, gestisch formulierte Formenkonstellation auf einem olivgrünen Hintergrund. In der Mitte der Konstellation dominieren die Farben Gelb, Rot und Orange. Zu den Bildrändern hin werden die Farben dunkler. Einzelne lineare Streifen innerhalb unterstreichen eine Rechtsneigung der Konstellation, die durch ein violettes Rechteck in der linken oberen Bildhälfte aufgefangen wird. Der Bildaufbau mit einem atmosphärisch wirkenden Hintergrund und einer Objektformation erinnert an viele Bildformulierungen aus den Sechziger und Siebziger Jahren. Das konstruktiv durchgeführte Wechselspiel perspektivisch uneindeutiger geometrischer Formen weicht aber einer freien, malerischen, expressiven Auffassung von Form und Farbe.

In den letzten Monaten Ihres Lebens zeichnet M. Th. Rave mit Bleistift. Sie knüpft an die Werkphase von 1982 an, in der sie ausschließlich in dieser Technik gearbeitet hat. Ihr wahrscheinlich letztes Bild hat keinen Titel (WVZ 87/5). Die Komposition zeigt eine weit gezogene Landschaft, aus der sich pyramidenartige Gebilde erheben.

Ohne Titel 87/5

Komposition mit Gefäßen V/4

Konstruktive Ausdruckswelten

M. Th. Rave malt ihre wichtigsten Bilder erst seit dem Anfang der Sechziger Jahre. Ihr zentrales Œuvre ist nicht das Werk einer weltausgreifenden und zukunftsbezogenen jungen Frau, die das Leben noch vor sich hat. Es ist von Überlegung, Reflexion und Bezugnahme auf die Tradition bestimmt.

Die Tradition M. Th. Raves ist die klassische Moderne in Gestalt der avantgardistischen Kunst, die sie in den frühen Zwanziger Jahren während ihres Studiums in Berlin kennengelernt hat. Vor allem waren es die Konstruktivisten, deren Absetzbewegung von Expression und Subjektivität hin zu Rationalität und Objektivität sie nachvollzogen und mit einiger Verspätung ins Bild, in Bilder gesetzt hat.

M. Th. Rave bringt die Gegensatzpaare Expression/Subjektivität und Rationalität/Objektivität in Bewegung und in eine ihr Werk in besonderer Weise kennzeichnendes Verhältnis. Sie mischt sie, verleiht ihnen eine eigene Tönung, einen eigenen Klang, einen charakteristischen „sound". Einerseits stehen ihre Bilder ganz auf der Seite der Rationalität, der Objektivität. Sie sind abstrakt, formal durchgearbeitet und oft mit großer Sorgfalt architektonisch gestaltet. Sie sind berechnend und kalkulieren häufig die Wahrnehmungsmöglichkeiten der Betrachter psychologisch präzis mit ein. Andererseits aber sind sie zugleich eben nicht intellektuell, kalt, extravertiert und emotionslos. Stattdessen beherrscht sie eine Stimmung und Atmosphäre, die schwer einzufangen und zu umschreiben ist, weil sie durch das Technische der Bilder hindurch erarbeitet ist. Die rationale Kunst der M. Th. Rave konstruiert eine subjektive Ausdruckswelt: Die Objektkonstellationen ihrer Bildwelten sind zurückgezogene, leise, stille Gebilde, die sich manchmal ein wenig wie in Zeitlupe zu bewegen scheinen. In einigen Bildern wird die Zeit gestoppt, stillgestellt, wird der flüchtige Moment des Jetzt festgehalten, als hielte etwas den Atem an. Und unter, hinter und über allem liegt eine vage, aber deutlich wahrnehmbare Abgeschlossenheit und introvertierte Melancholie.

Kognitiv verweigern sich diese Bilder jedem Resultat und lassen die Beziehungen ihrer autonomen Objekte in ihren geschlossenen Bildräumen nie eindeutig werden. Sie sind polyperspektivisch zu nennen nicht nur in dem Sinne, dass man als Betrachter mehrere Möglichkeiten habe, sie zu sehen und zu verstehen. Die Kunst der M. Th. Rave ist in einem strengen Sinne nicht auf den Begriff zu bringen, weil sie in ihren Konstruktionen die Möglichkeit einer einzigen, wahren und verbindlichen Beschreibung verbindlich ausschließt, denn: „Primär ist die Malerei".*

* M. Th. Rave: Tagebücher. Manuskript, 1986

TAFELN

Vertikale Flächen nach rechts tendierend 75/1

Schräges rotes Rechteck 65/5

Rotes Schiffchen 72/1

Flächen auf blauem Grund 64/3

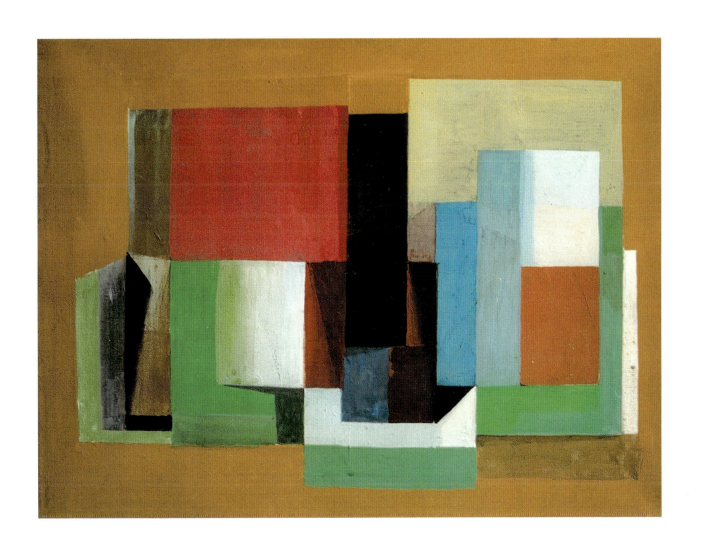

Musikstück I 64/2

Raumkomposition in Blau und Braun 64/1

Raum mit pompejanisch roten Flächen 65/6

Ohne Titel 71/1

Pastellfarbene Flächen vor hellblauem Hintergrund 67/7

Ohne Titel 65/7

Pflug 65/1

Flugkörper steigend 70/1 a

Flugkörper sinkend 70/1 b

Komposition mit Kreisen, Gelb auf Blau 77/6

Märzgezwitscher 77/10

Steil aufstrebend blau 78/3

Fanfaren 77/11

Mondbild V 79/8

Mondbild IV 79/7

Ohne Titel 84/3

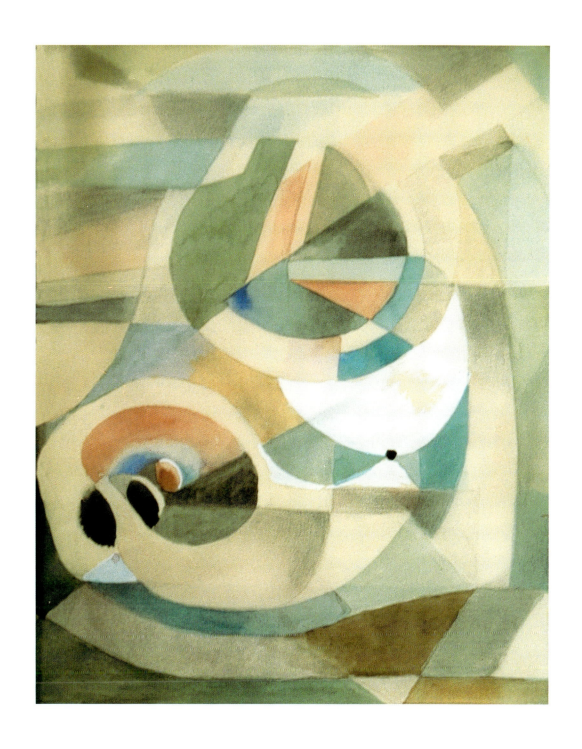

Traum einer Schnecke V/I

Russische Musik 53/1

Splitternd 57/2

Bild im Bild mit Lila 84/22

Floral diagonal 84/21

Ohne Titel 85/1

Ohne Titel 85/5

Burgundische Nonne 85/7

Rosa Fasching 86/8

Weiße Wolke 86/9

Ohne Titel 86/12

Mit den Eltern und dem älteren Bruder in Stolberg, um 1904   Mit den Geschwistern Josef, Gerta und Heinrich, um 1915

LEBENSDATEN

1903	12. April in Stolberg bei Aachen geboren
1917	Umzug nach Berlin
1922	Abitur
1922 – 1925	Ausbildung als Kunstpädagogin an der Staatlichen Kunstschule zu Berlin-Schöneberg
1925 – 1926	Praktikum an der Uhlandschule in Berlin-Schöneberg
1927	Zeichnerin in einem Trickfilmstudio
1927 – 1933	Zeichenlehrerin an der Gewerblichen Fachschule des Lette-Vereins Berlin
1933	Heirat mit Paul Ortwin Rave in Potsdam
1934 u. 1936	Geburt der Söhne Jan Ortwin und Rolf Jochen
1939	Umzug nach Berlin
1943 – 1945	Kriegsbedingte Aufenthalte in Muskau und Merkers
1955 – 1961	Unterrichtstätigkeit am Lette-Verein
1962	Tod von Paul Ortwin Rave
1962 – 1975	Lehrerin der Dahlemer Dienstagsmaler um Margret Boveri
1965 – 1976	Mitglied im Berufsverband Bildender Künstler
1974	Einzelausstellung Galerie Gerda Bassenge in Berlin
1977 – 1985	Mitglied im Verein der Freunde der Nationalgalerie
1980	Ehrenmitglied der Pückler-Gesellschaft
1983	Einzelausstellung Off Galerie in Berlin
1987	27. September in Berlin gestorben

Vor der Staatlichen Kunstschule in Berlin-Schöneberg, sitzend, mit Mitschülern, 1923

Am Lette-Haus lehrend, 1927

MARIA THERESIA RAVE-FAENSEN 1903–1987

Eine biografische Notiz

Von Jan Rave

I.

Als die Malerin Therese Faensen den Kunsthistoriker Paul Ortwin Rave heiratete, besiegelte sie einen Szenenwechsel, den sie bereits rund ein Jahr früher vollzogen hatte, als sie zu ihm in die Melonerie im Park Sanssouci gezogen war. Sie war dreißig Jahre jung, er zehn Jahre älter. Wie sie sich kennen gelernt hatten, ist nicht überliefert. Sie selbst berichtete später gern, dass sie „Paulo" schon Jahre zuvor in der modernen Abteilung der National-Galerie im Kronprinzenpalais begegnet war. Sie waren ein auffallendes Paar, beide groß von Statur und attraktiv in ihrer Haltung und Ausstrahlung; sie war schlank und blond, er brünett mit ausdrucksvollen braunen Augen. Sie lebten bescheiden, denn viel konnten sie sich nicht leisten, er als Doktor der Philosophie und „wissenschaftlicher Hilfsarbeiter" an der National-Galerie, sie als ehemalige Zeichenlehrerin. Die gemeinsamen Interessen lagen ohnehin mehr in der geistigen Welt, in Kunstausübung und Kunstwissenschaft, und in einem wunderbaren Freundeskreis, der die junge Frau herzlich aufnahm, nicht ohne ihren abgelegten Mädchennamen Faensen in Anspielung auf ihr jungenhaftes Aussehen in „Fähnrich" umgedeutet zu haben.

Mit Hut, 20er Jahre

Zeichnend an der Oberspree

Mit Karussellpferd

Zu den engsten Freunden des Paares gehörten Richard Moering, der unter dem Künstlernamen Peter Gan gedankenlyrische Gedichte schrieb und im Atlantis-Verlag veröffentlichte; das Verlegerehepaar Martin und Bettina Hürlimann und ein mit Bettina verwandtes jugendliches Paar: der Fotograf und angehende Dokumentarfilmer Wolfgang Kiepenheuer, Sohn des Verlegers Gustav Kiepenheuer, und Lore Neuhaus, Tochter des Architekten Karl Neuhaus, der mit Bruno Taut und Hugo Häring befreundet war. Wölfchen, auch Wöki genannt, bewohnte die Persiussche Turmvilla der Fasanerie in der Südwestecke des Parks, während die Melonerie, wegen ihrer runden Obergeschossfenster heute als Eulenburg bekannt, im Ensemble der friderizianischen Gärtnerhäuser am Ökonomieweg nahe dem chinesischen Teehaus liegt. Zwischen diesen beiden Wohnorten erstreckt sich die rührende, inspirierende Zauberwelt des Lennéschen Landschaftsgartens mit den Römischen Bädern und dem Schloss Charlottenhof.

Die Ehe der Malerin mit dem Kunsthistoriker und Schriftsteller war auch eine Verbindung von Moderne und Tradition. Der „Fähnrich", so wurde sie von ihm und den Freunden genannt, brachte das moderne Lebensgefühl der Zwanziger Jahre mit; sie hatte zuletzt, nicht zufällig sondern als Bekenntnis zur modernen Kunst und Architektur, in der Zehlendorfer Waldsiedlung von Bruno Taut gewohnt und kurz nach ihrem Studienabschluss sogar als Trickfilmzeichnerin gearbeitet. Ein Portraitfoto zeigt sie als Großstadttyp der Zwanziger Jahre unter einem Hut mit breiter Krempe und einem Fischgrätmantel mit aufgestelltem Kragen. Ihre Augen blicken selbstbewusst und ernst, und die schön geschwungenen, vollen Lippen lächeln nicht. Die schmale, gerade Nase, die ovale Linie von Kinn und Wangen zeigen eine verhalten erblühte Schönheit. Je länger man das Bild betrachtet, desto deutlicher erscheint ein Ausdruck des Fragens, des Verstehenwollens. Auf anderen Fotos sieht man sie herzlich lachen, aber lächeln sieht man sie kaum. Auffallend viele Fotos zeigen sie in Verkleidungen und bizarren Stellungen posieren, heiteres Spiel mit dem modernen Medium der Fotografie.

Sie war gewiss keine „Sonja" aus dem Romanischen Café in ihrer „feinfrostigen coolness" (Roland März zum Bild von Christian Schad) und keine Intellektuelle aus der

Posierend am Strand

Mit Schwester Gerta auf dem Wannsee

Mit Barett

Bohème, auch wenn sie sich als Kunststudentin in solchem Milieu bewegt hatte. Ihr Lebensmittelpunkt lag damals in Schöneberg, um die staatliche Kunstschule an der Grunewaldstraße. Ihre Künstlerfreunde standen politisch links. Sie erzählte später, dass sie während der Unruhen der Nachkriegszeit eine stundenlange Schießerei erlebte, während sie die Wohnung, in der sie sich gerade befand, nicht verließ. Was die Faensen zu einem Frauentyp der Zwanziger Jahre gemacht hatte, war ihr Sieg über die bürgerliche Enge ihres Elternhauses, in dem sowohl der Papst als auch der Kaiser als die höchsten Autoritäten verehrt wurden. Wie viele Frauen in dieser Zeit hatte sie sich ihr Recht auf ein Studium und freie Berufswahl gegen die Familie erstritten mit dem Preis jahrelangen Verzichts auf jeglichen Kontakt mit den Eltern. Mit der Tätigkeit am Lette-Haus, wiederum in Schöneberg, vollendete sie diesen Weg in schöner Konsequenz.

Am Ostersonntag 1903 wurde Maria Theresia Hubertina in Stolberg bei Aachen geboren. Der Vater, Heinrich Faensen, war dort Prokurist bei der Firma Prym, die Sicherheitsnadeln, Druckknöpfe und andere Feinmetallwaren herstellte. Die im deutschen Kaiserreich aufblühende Industrie gab den vielköpfigen Familien in den armen Mittelgebirgsregionen wie der Eifel einen bescheidenen, stetig wachsenden Wohlstand, der schließlich von vielen in Kriegsanleihen aufs Spiel gesetzt wurde oder spätestens in der Inflation unterging. Heinrich Faensen war für die Firma auf die Weltausstellung nach St. Louis an den Mississippi gereist, und im glänzenden, lebenslustigen Wien hielt er sich oft und gerne auf. 1917 wurde er in die Reichshauptstadt beordert, um dort die Generalvertretung der Firma Prym zu leiten, das hieß: Umzug mit der ganzen Familie.

Maria Theresia hatte gerade zwei Jahre das Lyzeum der Franziskanerinnen in Eschweiler besucht, jetzt folgten weitere Jahre bei demselben Orden in Berlin-Schöneberg und 1922 die Reifeprüfung. Später beschreibt sie anschaulich, wie sehr sie von den im Rheinland verbleibenden Tanten und Vettern bedauert worden war, weil sie zu den evangelischen Preußen ziehen musste. Aber dort war die einzige bittere Erfahrung, dass sie und ihre jüngere Schwester wegen ihrer singenden Aachener Mundart von den Mitschü-

Als „Künstlerin Fröhlich"

Vor einem (verschollenen) Selbstportrait

lerinnen erbarmungslos ausgelacht wurden. Später sprach sie ein einwandfreies Hochdeutsch mit einem kaum wahrnehmbaren rheinischen Akzent. Ihre leidenschaftliche Ablehnung der katholischen Kirche war das Ergebnis der verlogenen Erziehung in der rheinischen Klosterschule, in der wegen der sogenannten Erbsünde die Mädchen selbst in der Badewanne das Hemd nicht ausziehen durften. Eine ihrer Lehrerinnen hieß Wilhelmine Keuthen; über sie wurde in den Schulfluren getuschelt, dass sie verliebt sei und demnächst heiraten werde; der Bräutigam Heinrich Lübke wurde sehr viel später Bundespräsident. Gerne erzählte Therese diese Geschichte, die sich zwischen Katholizismus, Karriere und Sauerland am Rande ihrer eigenen Entwicklung abgespielt hatte.

Und diese ihre Entwicklung bestand darin, dass ihre Gedanken von der vorgetragenen und vorgeschriebenen Linie abzuweichen begannen. Auf einem Spaziergang quer durch den Grunewald sprach ich mit meiner 70jährigen Mutter über die Gründe ihres autonomen Denkens. Die ebenso einfache wie erstaunliche Antwort auf meine Frage war, sie habe im Schulunterricht ein beliebiges Wort der Lehrerin als Stichwort verstanden und zum Anlass genommen, sich eigene Gedanken zu machen. Dann hieß es wieder, sie habe geträumt. In dieser Selbstanalyse zwischen Rehwiese und Teufelsberg wagten wir die These, dass die damals noch nicht erkannte Schwerhörigkeit die Ursache für das Abrücken vom allgemeinen Unterrichtsgeschehen gewesen sein mag. In der Tat zeigen schon frühe Portraitaufnahmen ein leichtes Entrücktsein, ganz zu schweigen von Aufnahmen aus späterer Zeit, die ein Ausgeschlossensein vom Gespräch und geselligen Miteinander dokumentieren. In dem Maße, wie ihr Gehör abnahm, verlegte sie ihre Sinne auf das Sehen, das Betrachten, erschloss sie sich die Welt durch eine Verfeinerung der visuellen Fähigkeiten und Kontemplation. Hier könnte der Schlüssel dafür liegen, dass aus einer Zeichenlehrerin eine Malerin wurde.

Während des Krieges bewohnten die Faensens, mehr als standesgemäß, eine Acht-Zimmer-Wohnung am Rande des Bayerischen Viertels, nicht weit von der katholischen St. Matthias-Kirche auf dem Winterfeldtplatz. Die üppige und düstere Wohnungseinrich-

tung war wilhelminisch-marokkanisch, wovon später noch einige Stücke in dem nach der Inflation bezogenen Reihenhäuschen Im Winkel zu Dahlem-Dorf zu sehen waren. Am Ende des Krieges starb der ältere Bruder Heinrich an der Grippe-Epidemie. Josef, der jüngere Bruder, wurde Schiffsbau-Ingenieur, später Gewerbelehrer, Schwester Gerta wurde Kontoristin.

Von 1922 bis 1925 besucht Therese die Staatliche Kunstschule in der Grunewaldstraße, ihr wichtigster Lehrer ist Georg Tappert. Nach einem Probejahr an der Schöneberger Uhlandschule wird ihr die endgültige Anstellung als Zeichenlehrerin für höhere Lehranstalten zuerkannt, und ab 1927 erteilt sie Unterricht in Zeichnen und Kunstbetrachtung am Lette-Verein, der „Höheren Fachschule für Frauenberufe", dort im „Hausarbeits- und Hauswirtschaftslehrerinnen-Seminar, in der Haushaltungsschule, der Fachschneiderei sowie im Lehrgang zur Ausbildung technischer Assistentinnen für chemische Betriebe. In der Klasse für Mode und Mode-Illustration sowie in der Klasse für Reklame- und Reklamegraphik gab sie Aktzeichnen, in letzterer auch noch Fach- und Schriftzeichnen. Ferner gab sie Modezeichnen in einem Abendkursus." So steht es im Abschiedszeugnis geschrieben mit dem Zusatz, „sie gab ihre Stellung auf, da sie sich verheiratet hat", und dem Nachsatz, „Frau Rave-Faensen hat sich als besonders tüchtige, pädagogisch und zeichnerisch sehr begabte Lehrerin bewährt, die auf Grund ihres Könnens, ihrer anregenden Persönlichkeit und ihrer klugen Einstellung zu den vielfachen und wechselnden Anforderungen ihres Arbeitsgebietes vorzügliche Lehrerfolge erzielte. Im Lehrerkollegium war sie allgemein beliebt."

II.

Die Verehelichung fand am 10. Juni 1933 im Potsdamer Standesamt statt. Ein Foto zeigt die Tischgesellschaft hinter den Fensterscheiben des Altans im Erdgeschoss der Melonerie, das Paar und die Eltern und Geschwister der Braut, Paul Ortwins aus Münster hergereisten Bruder Wilhelm sowie die Trauzeugen Wölfchen Kiepenheuer und eine Freun-

Die Melonerie im Park Sanssouci, Potsdam, 1936

din der Braut. Berichtet wurde auch von einer Art Picknick im damals verwilderten und verwunschenen Schlosspark Glienicke, nahe Schinkels Kasino über dem Havelufer. Irgendwo blühte der Mohn, und seitdem begleitete die Mohnblüte das Paar und später die Witwe als zuverlässiger und immer wieder lebhaft begrüßter Hinweis auf den Tag ihrer Hochzeit.

Dabei war das Jahr 1933 keineswegs ein Glücksjahr für die Menschen in Deutschland. Noch glaubten viele, wie auch das junge Paar und ihre Freunde, „der Spuk" ginge schnell vorüber. Aber als die Mitglieder der befreundeten Bankiersfamilie Hagen nach und nach das Land verlassen mussten, wurde klar, dass Ernst gemacht wurde mit der angekündigten Bedrohung der Juden und Intellektuellen. Peter Gan verließ Deutschland, und auch die nicht direkt bedrohten Hürlimanns gingen wegen der zunehmenden geistigen Verödung mit ihrem Atlantis-Verlag nach Zürich zurück. An der National-Galerie wurde ein Direktor nach dem anderen von den Machthabern gefeuert, und Rave musste mit ansehen, wie der Führer und seine Kunstfunktionäre durch das Kronprinzenpalais tobten und die Schließung der berühmten modernen Abteilung befahlen.

Als man noch Hoffnung hatte, 1934 und 1936, wurden die beiden Söhne Jan und Rolf geboren. Familienleben ersetzte den nun schwindenden Freundeskreis, der natürlich weit über die bereits genannten Personen hinausging. Bei Paulo waren es die Freunde aus der Bonner Wandervogel- und Studienzeit, darunter der Kölner Anwalt Heinz „Basuto" Wassermeyer; Mitarbeiter der National-Galerie wie Alfred Hentzen, Ludwig Thormaehlen und Mathias Goeritz, auch er entkam noch in letzter Minute; sowie viele Kollegen in ganz Deutschland und darüber hinaus. Hinzu kamen die zahlreichen Mitglieder der großen westfälischen Raven-Sippe, insgesamt vier Brüder und vier Schwestern, von denen er der jüngste war. Therese brachte aus ihren Studien- und Lette-Jahren eine Handvoll Freundinnen mit, Hertha Bielfeld, Gerda Loll und Ruth Schümann; Tucki Basse kam über Wölfchen und Lore in diesen Kreis. Eine weitere Freundin, die Gutsbesitzerstochter Maria Krebs aus Ostpreußen, machte Therese mit ihrem Bruder Josef bekannt. Diese wahrhaft beherzte Frau war eine ihrer Schülerinnen gewesen, die

Mit Paul Ortwin Rave („Paulo") in Potsdam, 30er Jahre

ihre Lehrerin schwärmerisch verehrte und die einen noch zäheren Emanzipationskampf erfolgreich durchgestanden hatte. 1926, bei einem Besuch in Marias Heimat, entstand eines der ersten Bilder der angehenden Malerin, ein in schwermütigen Wasserfarben gemalter, von Regenwolken verhangener Masurischer See. Nicht nur Maria und Josef wurden ein Paar, auch die Schwester Gerta fand in jenen Jahren ihren Lebenspartner, den Cellisten bei den Berliner Philharmonikern, Helmuth Schonecke. Während dieser scheinbar glücklichen Zeit, als Familien gegründet und die Kinder geboren wurden, nahm das angesagte Unheil seinen Lauf.

Wenige Tage vor dem Ausbruch des Zweiten Weltkrieges war die junge Familie nach Berlin gezogen, wofür es zwei Gründe gab: das feuchte Potsdamer Klima, das der angegriffenen Gesundheit Theresens nicht zuträglich war, und der Einzug einer prominenten Nazifamilie ins Hauptgeschoss der Melonerie. Paulo war inzwischen zu einem Kustos an der National-Galerie aufgestiegen, und die neue Wohnung in der Arnimallee, eine Dienstwohnung im rechten Pavillon des Dahlemer Museums, sollte auch einen Wechsel aus der eng gewordenen Gelehrtenklause in einen etwas gehobeneren, quasi bürgerlichen Standard mit sich bringen. Die große Etagenwohnung im zweiten Obergeschoss war wie ein Elfenbeinturm, umgürtet von einem breiten blechgedeckten Sims, das den Blick auf die unmittelbare Umgebung verwehrte und stattdessen auf die Obstbäume der Gärtnerlehranstalt und das Maisfeld der Domäne frei gab, hinter denen sich in großer Entfernung die Dahlemer Villen aufreihten.

Und jetzt der Krieg! Ich sehe noch den Ausdruck tiefer Sorge in den Augen meiner Eltern. Es dauerte nicht lange, bis die ersten Maßnahmen sicht- und hörbar wurden. Der Keller unseres Pavillons wurde durch Ertüchtigung der Statik, Vermauerung der Fenster und Einbau einer Schleuse in einen öffentlichen Luftschutzraum verwandelt. Über dem hausinternen Zugang zu diesem Keller las man: „lasciate ogni speranza voi ch'entrate". Der Hausmeister Herr Weser konnte sicher kein Italienisch, sonst hätte er den Satz als subversiv erkannt und überpinseln lassen. Er war aber auch ganz und gar nicht so gemeint, sondern vom Vormieter, dem vormaligen Direktor der National-Galerie Eber-

Die Hochzeitsgesellschaft: Josef und Gerta Faensen, Wolfgang Kiepenheuer, Ruth Schümann, Wilhelm Rave, rechts und links vom Paar die Elterrn der Braut, 1933

In Kassel-Wilhelmshöhe, 30er Jahre

hard Hanfstaengl, als Einladung in seinen Weinkeller angebracht worden, nur für Kenner: die berühmte Einleitung in Dantes „Inferno". Bald war immer häufiger das scheußliche Geheul der Sirenen zu hören. Wenn die Familie nach der Entwarnung wieder nach oben kam, leuchtete der nordöstliche Himmel, der Himmel über Berlin, glutrot.

Eine Fotoserie zeigt die Wohnung, aufgenommen kurz vor ihrer Verwüstung. Die wenigen Potsdamer Biedermeiermöbel, gemischt mit einigen Einrichtungsgegenständen im Bauhaus-Stil, füllten die großen Räume kaum. Doch viele Bücher und ein paar Bilder – zwei Gemälde von Seehaus, ein Heckel (alles Leihgaben außer dem „Rheinufer bei Bonn" von Seehaus) und ein paar Bilder von M. Th. Rave – verrieten den Kunstsinn der Bewohner. Manche Fenster sind auf den Fotos im Nachtbetrieb zu sehen mit herabgezogenen schwarzen Verdunkelungsrollos. Auf ihnen hat die Malerin mit weißer Farbe Rundbogen und Pergola, Sonne, Mond und Sterne, sowie allerlei Getier und Gerank gezeichnet, die letzten Versuche zur Verschönerung der Umstände. Bald fielen die Bomben näher, rissen metertiefe Krater in den Lehmboden der Obstplantagen. Durch den Luftdruck bohrten sich die Glassplitter in die Möbel und Tapeten, die Dachziegel wurden weggeblasen, und schließlich wurden auch die leichten Trennwände umgeworfen, so dass der Mittelteil der Wohnung einem Großraum glich.

Vater wurde wegen der Verantwortung für die Museen nicht eingezogen, musste aber bei jedem Luftangriff einen Stahlhelm tragen, als Luftschutzwart. Mutter und die Kinder wurden wie alle evakuiert, möglichst in ländliche Gegenden im Osten. Die Familie Rave erhielt eine feine Einladung, die im Zusammenhang mit Paul Ortwins Engagement in der Fürst Pückler-Gesellschaft zur Erforschung und Pflege der märkischen Schlossgärten zustande kam, nämlich vom Grafen Arnim auf das Schloss Muskau. Hier erlebte sie die letzten Jahre des preußischen Landadels beziehungsweise ostelbischen Junkertums, in einem runden Turmzimmer über dem Schlossteich mit seinen ewig quäkenden Enten und mit täglichen Mahlzeiten an der Tafel der gräflichen Familie. Mitten im Untergang der Zivilisation diese scheinbare Idylle. Die sozialdemokratisch orientierte M. Th. Rave litt. Und Paulo, einsam in den Bombennächten Berlins, litt. 1944 schreibt er seiner Frau,

Mit Kind

Mit Jan und Rolf, Berlin-Dahlem, 40er Jahre

die er feierlich mit Maria Theresia anredet, einen Brief, in dem er ausspricht, was er befürchtet: seinen wahrscheinlichen Tod im Bombenkrieg und ihre notwendige aber auch sichere Kraft, mit den beiden Jungen alleine durchzukommen. Da sich nun, auch für die Nazis wahrnehmbar, die Russen nähern, setzt sich die gräfliche Familie nach Bayern ab, und Frau Rave kehrt mit Jan und Rolf nach Berlin zurück. Die Kinder gehen abends gleich in den Luftschutzkeller schlafen.

Wir sind wieder vier! Diese in jenen Jahren unwahrscheinlichste Tatsache, die Vollzähligkeit einer Familie, wurde von uns Vieren sehr bewusst und dankbar wahrgenommen. Schon im Sommer hatte es ein Vorspiel gegeben, eine mehrwöchige Reise in die Berge. Paulo hatte seinen Jahresurlaub, die Kinder in Muskau Schulferien, es war wie im Frieden. Der D-Zug brachte die Familie vom Anhalter Bahnhof – Nachtfahrt! – nach München. Er sollte über Kufstein nach Tirol weiterfahren, blieb aber ungewöhnlich lange im Vorortbahnhof Pasing stehen. Da entdeckte Paulo auf dem anderen Gleis desselben Bahnsteiges einen Personenzug, der in wenigen Minuten über Garmisch nach Innsbruck abfahren sollte. In Windeseile waren wir umgestiegen und schon auf dem direkten Weg nach Süden unterwegs. In einem Voralpental hielt der Zug auf freier Strecke, die Fahrgäste stiegen aus. Da füllte ein ungeheures Dröhnen die Luft zwischen den Bergwänden, ein riesiges Bombergeschwader zog über uns hinweg. Ein schrilles Pfeifen und Raves Ruf „Deckung, Bombe!" ließ alle Personen zwischen den Schienen, unter den Wagons und im Graben verschwinden, nur der kleine Jan hastete zu einem hundert Meter entfernten Busch. Gottseidank war es „nur" ein in größerer Entfernung abstürzendes Flugzeug, keinem von uns war etwas passiert. Bei diesem Großangriff wurde, das erfuhren wir später, der Münchner Hauptbahnhof vollständig zerstört. War es Zufall oder hatte Vater den siebten Sinn? Der Linzer Hof hoch über Imst war mit Urlaubern in Zivil und Uniform gefüllt. Aber frei konnte man sich selbst auf den Wanderungen in höhere Regionen kaum fühlen – im Gegenteil: Wenn hier die Bomberschwärme zum Greifen nahe über die Berggipfel brausten und wir uns in Felsspalten versteckten, schlug uns das Herz bis zum Hals. Im Speisesaal wurden stets die Rundfunkmeldungen durchgegeben, ohne dass die gedämpften Tischgespräche verstummten. Eines Abends

Mit Rolf

Selbstportrait mit Wickel um den Hals, Bleistiftzeichnung, 1941

Selbstportrait im Krankenbett, Bleistiftzeichnung, 1941

während der Nachrichten wurde es aber schlagartig so still, dass man jedes Räuspern hätte hören können. Niemand wagte es, sich zu räuspern, jeder hütete seine Gedanken. Es war der 20. Juli 1944.

März 1945 in Berlin. Schon ist das Grummeln der Ostfront zu hören. Theresia Rave, Paulo und die Kinder fürchten sich vor der bevorstehenden Schlacht um Berlin. Und wieder erscheint ein Schutzengel über der Familie: Rave erhält vom Innenminister eine schriftliche Erlaubnis, mit dem letzten Transport der Museumsschätze in die thüringischen Kalibergwerke seine Familie mitzunehmen. Auch das ist nicht ganz ungefährlich, ein kleiner Konvoi von zwei Lastzügen mit Anhängern auf der ungeschützten Autobahn; bei Merseburg gibt es tatsächlich einen Tieffliegerangriff, der jedoch glimpflich verläuft. Und dann sind wir unvermittelt in einer heilen Welt: Merkers. Die letzten Menzel und Dürer fahren in den Schacht, die Familie kommt in einer Dachwohnung der Bergarbeitersiedlung am Arnsberg unter. Die als letzter Proviant mitgenommenen getrockneten Kartoffelschalen sind verschimmelt, werden aber auch nicht mehr gebraucht. Denn hier gibt es sogar frische Milch, die man nur eine Nacht in einem Suppenteller stehen lassen muss, um eine wunderbare, sahnige Dickmilch zu gewinnen.

An einem sonnigen Morgen löst sich, völlig geräuschlos, der Waldrand vom Arnsberg, und die Amerikaner bewegen sich, mit jungem Laub getarnt, auf die Hausreihe zu. Erst Tage später erfahren sie, was in der Tiefe verborgen liegt. Im Nu werden Dorf und Werk zur Festung, und Rave übergibt die Kunstwerke gemäß den Listen, auf denen sie aufgeführt sind, dem Sieger. In einem anderen Stollen finden sie massenweise Goldbarren der Reichsbank. Sie behandeln den deutschen Professor ehrenvoll und verraten ihm, was sie über ihn wissen, dass er in seiner Berliner Personalakte als „politisch unzuverlässig" eingestuft ist. Sie versprechen ihm, ihn und seine Familie in Kürze als Leiter des „art's collecting point" nach Wiesbaden nachkommen zu lassen. Nachdem wenige Tage später das Konzentrationslager Buchenwald entdeckt und befreit worden ist, wird für eine Weile jede Fraternisation ausgesetzt, Familie Rave wartet mit ihren gepackten Koffern vergebens auf den Ruf in den Westen.

Selbstportrait mit Schal um
den Kopf, Bleistiftzeichnung,
40er Jahre

Im Garten am Museum Dahlem,
1951

Nachkriegszimmer in der
Arnimallee (WVZ IV/3)

Ein paar Wochen später ziehen sich die Amerikaner zurück, Thüringen wird Teil der sowjetischen Besatzungszone. Immer noch zu viert verbringt die Familie, wie betäubt, einen ganzen Sommer in dem Dorf im Werratal, vor ihr in der Ferne der Thüringer Wald, in der Nähe der kegelförmige Kraynberg mit der Burgruine, hinter ihr die Ausläufer der Rhön, die sie, Wanderlieder singend und Pilze und Blaubeeren sammelnd, mit ausgedehnten Ausflügen durchstreift. Nachrichten über das Schicksal Deutschlands sind spärlich, über das Leben der Verwandten und Freunde oder den Zustand der Wohnung in Dahlem kommen überhaupt nicht in Betracht. Der erste Versuch einer Rückkehr nach Berlin scheitert nach drei Tagen in Halle an der Saale, an der Überfüllung der wenigen Züge. Wenig später kommt Paulo alleine durch, findet die Wohnung als gut durchlüfteten Rohbau vor und den Kellerverschlag mit den privaten Habseligkeiten, zertrampelten Briefen und Fotoalben, durchwühlt. Auf der Museumsinsel wird er mit aufrichtiger Freude, wie ein überlebender Heimkehrer, begrüßt und vom russischen Stadtkommandanten zum Direktor der National-Galerie, die jetzt dem Magistrat von Groß-Berlin unterstellt ist, ernannt. Schließlich glückt, vom Vater abgeholt, auch die Rückreise M. Th. Raves und der Kinder, die ab Oktober wieder zur Schule gehen. Die lange Phase des Wiederaufbaues und der Normalisierung hat begonnen.

Und das bedeutete zunächst den täglichen Kampf um das Allernotwendigste, gegen Hunger und Kälte. Die Winter der ersten Nachkriegsjahre waren von kontinentaler Wucht. Die Familie zog sich in das schmalste Kämmerlein zurück, das man mit einem Öfchen schwach erwärmen konnte, Stockflecken an den Wänden und dicke Eisblumen an den Fenstern. Wie das aussah, belegt ein unvollendet gebliebenes Aquarell der Künstlerin, der es trotz der ungeheuren Anstrengungen im Haushalt immer wieder gelang, ihrem eigentlichen Lebensinhalt zum Durchbruch zu verhelfen. Was Wunder, dass strenger Realismus mit einer Prise Humor angesagt war. Unvergesslich ist mir die Szene, wie in dieses unwürdige Notquartier ein offizieller Besucher eintrat, der aber zugleich ein privater Besucher war, Karl Viktor „K.V." (sprich „keivie") Hagen. Er war als Kunstschutzoffizier der Amerikanischen Armee nach Berlin zurückgekehrt, und jetzt lagen er und mein Vater sich in den Armen, klopften sich immer wieder auf die Schul-

Dachboden in der Arnimallee, 1943 (WVZ 43/3)

Jan und Rolf mit Schlittschuhen, 1946 (WVZ 46/1)

tern und versicherten sich ihrer Freude darüber, dass sie den Krieg unversehrt überstanden hatten. Karl Viktor Hagen kam wenig später bei einem der zahlreichen Abstürze während der Berliner Luftbrücke ums Leben.

Die übrigen Jahreszeiten waren vom Kampf gegen den Hunger bestimmt. Jede Grünanlage war parzelliert und, wenn es sich um Betriebsgelände handelte, an die Angehörigen des jeweiligen Betriebes verteilt worden. So kultivierte auch die Familie Rave einen schmalen Streifen des schweren Dahlemer Lehmbodens auf dem Ehrenhof vor dem von Halbsäulen gefassten Haupteingang des Museumsgebäudes mit Kartoffeln, Kohl und Karotten. Hinzu kam noch der Hauptgarten mit den schönen Obstbäumen und Beerensträuchern. So standen Graben, Säen, Jäten und Ernten das halbe Jahr über auf dem Programm, nicht zu vergessen das Düngen, zu dessen Zweck man beim Klappern von Pferdehufen mit Eimer und Schäufelchen auf die Straße ausrückte. Eine Weile versuchte man sich sogar, neben Herrn Wesers Geräteschuppen und Kleintierhaltung, mit der Kaninchenzucht, aus der der immer wieder gern zitierte Spruch der Mutter herrührte, „Rolf, ich glaube, dein Kaninchen hat Rheumatismus."

In einem der ersten wieder unzensierten Briefe an Bettina Hürlimann in Zürich zeichnet Theres (so unterschreibt sie den Brief) ein eindrucksvolles Bild der Zerstörung Potsdams: „Erst vor kurzem habe ich mich entschließen können, dies alles in seiner grauenhaften Zerstörung wiederzusehen. Der erste Anblick war ein Schlag aufs Herz. Und dann geschah das Unwahrscheinliche, dass das neue Bild, von der Langen Brücke hinüber auf den freigelegten Marktplatz, mich so fesselte, dass ich wie angewurzelt stehen blieb. Alles Gedankliche, das den Schmerz erzeugte, war ausgelöscht. Ich sah ein Bild von solch erhabener Schönheit, dass ich es sofort hätte malen mögen, und das mich nicht wieder verlässt. Ich will versuchen, es Dir zu beschreiben, da Du die Situation ja kennst. Das Palast-Hotel steht nur noch einen Stock hoch und gibt den Blick frei auf das Schloss und tief in den Marktplatz hinein. Vor dem mächtigen Würfel der Nikolaikirche steht in der Mitte weiß und hoch der Obelisk, umgeben von Engeln, die mit dem Kopf in der aufgeworfenen Erde stecken oder zerschmettert auf dem Pflaster liegen. Die Kuppel ist in

Jan, Bleistiftzeichnung, 40er Jahre

Paul Ortwin Rave schreibend,
Bleistiftzeichnung, 50er Jahre

Der kranke Rolf mit Pelzmütze,
Bleistiftzeichnung, 40er Jahre

der Frontansicht zerstört nebst einigen Säulen des Rundganges, deren große Trommeln sich mit dem Steingeröll der Vorhalle mischen. Rechts, das Rathaus trägt noch seinen goldenen Atlas auf dergerippten Kuppel, und daneben steht das Knobelsdorffsche Haus mit seinen barocken Figuren. Daran schließen sich die vielen Rundbögen des Palastes Barberini an, zum Teil freischwebend in den aufgelockerten Fassaden. Die linke Seite wird vom traurig mitgenommenen Schloss ausgefüllt. Und auch diesem nur gesehenen Bild fehlt dort als Abschluss der leichte Rhythmus der Kolonnaden zum Wasser hin. Über allem Potsdams blauer Himmel und Sonne auf all dem Gestein von zartesten gelben, grauen und rosa Tönen."

Bekanntlich blühte unmittelbar nach Kriegsende das kulturelle Leben Berlins, kräftig von den Russen unterstützt, schnell wieder auf. Jeder nur einigermaßen brauchbare Saal wurde für Theater- und Konzertaufführungen genutzt. Auch die von den Nazis besonders unterdrückte Bildende Kunst trat bald wieder, in bescheidenen Ausstellungen, an die Öffentlichkeit. Mit fünf Bildern war M. Th. Rave bei der Herbstausstellung 1945 des Kunstamtes Steglitz in der Kamillenstraße dabei. Es folgten Frühjahrs- und Weihnachts-Verkaufsausstellungen im Haus am Waldsee und im Schloss Charlottenburg, dann eine Ausstellung Zehlendorfer Künstler, insgesamt acht derartige Präsentationen bis 1954, an denen sie teilnahm. In demselben Jahr gab es dann die erste Einzelausstellung, im Antiquariat Wasmuth in der Hardenbergstraße. Mit einer Ausstellung der Gedok in Köln im Jahr 1955 ist die Phase des Neubeginns, in der die Künstlerin sich endgültig für die abstrakte Malerei entscheidet, vorerst abgeschlossen.

Die unmittelbare Nachkriegszeit war in den Kalten Krieg übergegangen. Die Teilung Deutschlands und Berlins in Ost und West, die Einführung zweier Währungen und die Blockade der Westsektoren, das alles wirkte sich ziemlich direkt auf das Leben M. Th. Raves und ihrer Familie aus. Ihr Mann war nun Grenzgänger und verdiente Ostgeld, wovon nur ein Teil im Verhältnis eins zu eins in Westgeld umgetauscht wurde. Die wirtschaftlichen Probleme ließen nicht nach. Als 1950 die Machthaber im Osten den Abriss des Schlosses befahlen, entschied sich Rave schweren Herzens für den Westen und war

Mit Paulo, Rolf und Jan im Kieferngrund, Berlin-Zehlendorf, 50er Jahre

Mit Paulo im Kieferngrund-Garten

von 1954 bis zu seiner Pensionierung 1961 Direktor der Kunstbibliothek der Staatlichen Museen. Zunächst betrieb er die Rückführung der Museumsbestände aus Westdeutschland in den Westteil der Stadt, wo in der Folge als ihr Träger die Stiftung Preußischer Kulturbesitz gegründet wurde. Als einziges angemessenes Domizil stand das Museumsgebäude in Dahlem zur Verfügung und sollte für diesen Zweck hergerichtet werden. So war denn auch der Auszug aus der Arnimallee unausweichlich geworden, und die Familie Rave fand ein mit Holzschindeln verkleidetes Siedlungshäuschen mit großem Garten im Zehlendorfer Kieferngrund. Seit der Mitte des Jahrzehnts studierten die Söhne Architektur, und M. Th. Rave nahm für einige Jahre ihre Berufstätigkeit als Aushilfskraft am Lette-Haus wieder auf.

Die wichtigste Errungenschaft jener Jahre war die Wiedergewinnung des geistigen Austauschs mit der Welt. Eine Reise des Fähnrichs zum alten Freund Richard Moering (Peter Gan) in Paris war der lang ersehnte Auftakt, in dessen Folge Richard jährlich für ein paar Wochen in den Kieferngrund kam. Dieser Besuch wurde von Alt und Jung gleichermaßen freudig erwartet, und alle wurden wegen der geistreichen und tiefsinnigen Gespräche von einer ganz merkwürdigen Hochstimmung erfasst. Nachdem nun auch noch ein Auto, ein VW-Standard, erworben worden war, folgten Reisen mit der ganzen Familie oder mit Paulo allein nach Spanien und Italien. Das bedeutete allerorten gründliche kunsthistorische Einführung, vergleichendes Betrachten, Bewerten und schließlich das meist unisono getroffene Bekenntnis beispielsweise zu der letztendlich allen Stilen überlegenen Romanik. Städte, Kirchen, Schlösser und vor allem auch Landschaftsbilder wurden wie Kunstwerke genossen, häufig überwog die Begeisterung für Elementares, Archaisches. Paulo befragte immer wieder das unbestechliche Auge seiner Lebenspartnerin. Auf der anderen Seite, zu hause, führte die Lektüre Thomas Manns, jahrelang entbehrt, jetzt Band für Band, Satz für Satz vorgelesen, zu höchstmöglichem Vergnügen. Der Kieferngrund wurde zu einem gastlichen Haus. Besucher wie Fritz und Eva Maria Neumeyer aus Kalifornien oder Hans Geller aus Dresden, einmal sogar Paulos Wandervogel-Freund Alfred Kurella aus Moskau, eine einmalige, an damals Unüberbrückbarem scheiternde Begegnung, betraten das wunderliche Holz-

Im Kieferngrund vor (verschollenem) Bild aus den 50er Jahren

Mit Paulo, Veranda im Kieferngrund, 50er Jahre

haus dessen Bauweise von Amerikanern als überraschend amerikanisch empfunden wurde.

Die Söhne waren inzwischen ausgezogen, und ab 1961 beginnt M. Th. Rave, regelmäßig Tagebuch zu schreiben. Merkwürdig, dass sie, die sonst hellwach und leidenschaftlich am politischen Tagesgeschehen teilnimmt, darin den Bau der Berliner Mauer mit keinem Wort erwähnt. 1962 geschieht das Unfassliche, dass Paul Ortwin auf einer gemeinsamen Reise, völlig unerwartet, an einem Herzinfarkt stirbt. Maria Theresia tritt in ihre dritte Lebensphase ein. Die fast gleich langen Abschnitte ihres Lebens sind, im Nachhinein betrachtet, ganz einfach: vor, während und nach der Ehe mit Paulo. Die Zeit mit ihrem Mann fällt mit den schwierigsten politischen Umständen zusammen: von der Machtergreifung der Nazis durch den Krieg und die Nachkriegszeit bis zum Mauerbau. Der dritte Abschnitt ist erheblich ruhiger, es ist die Zeit des Eingeschlossenseins ins fast idyllische Westberlin, in dem beinahe jeder jeden kannte. Den Fall der Mauer hat M. Th. Rave nicht mehr erlebt.

III.

Das Haus im Kieferngrund bewohnte sie jetzt allein. An Sommersonntagen füllte sich der Garten mit den Freunden und Freundinnen der Söhne, auch schon mit deren jungen Familien, den von Stuckrads, Theißens, Kischkos, Bassenge, Schmidt-Ott und vielen weiteren. Maria Theresia war eine ebenso unaufdringliche wie verehrte Gastgeberin dieses „Gartenlebens", die in dieser Rolle einen neuen, allgemein verbindlichen Namen erhielt: „Marave". Nach Paulos Tod wurden alte Freundschaften in Briefwechseln fortgesetzt beziehungsweise neu belebt, unter anderen mit Carl Georg und Hildegard Heise, Alfred und Anne Hentzen, Sigrid „Lulu" und Heinz Westphal-Hellbusch, Mathias Goeritz in Mexiko und Theresa Muller in Washington. Hinzu kamen weitere Begegnungen mit den Kiepenheuers und deren Freundeskreis, den Hürlimanns, Friedrich und Heidi Luft sowie den Hagens, insbesondere Yvonne Hagen, der Witwe von Karl Viktor, und seinem

Mit Richard Moering (Peter Gan), Veranda im Kieferngrund

Mit Heinz Westphal und Paulo im Kieferngrund

Bruder Büdi, wobei einer Einladung zu Ehren von Büdi Hagen und Lotte Reininger, die in einem der Hagenschen Häuser in Potsdam den ersten Zeichentrickfilm „Prinz Ahmed" produziert hatte, besondere Bedeutung zukam.

Schon 1960, vor dem Eintritt in die neue Lebensphase, hatte eine Empfehlung Carl Georg Heises zu einer Verbindung mit Marcus und Liselotte Bierich geführt, deren Kinder von M. Th. Rave portraitiert werden sollten. Hieraus entwickelte sich eine Freundschaft, die wieder neue Verbindungen nach sich zog. So erschloss sich 1962 der Kunstpädagogin eine neue Aufgabe in einem Kreis Kunstinteressierter um die Publizistin Margret Boveri, der sich „Dahlemer Dienstagsmaler" nannte. Bei ihr, im sogenannten Kelleratelier ihres Hauses am Schwarzen Grund, traf man sich in dem Bemühen, „einen Schritt über den Hobby-Dilettantismus hinaus zu wagen". Nach Boveris Tod 1975 machte man an anderen Orten und in weiteren Zirkeln noch eine Weile weiter. Diese Fortsetzung ihres Berufslebens als Kunstpädagogin hatte auch Rückwirkungen auf Raves eigene Malerei, indem sie sich zur Vorbereitung der Aufgaben wieder mit dem Gegenständlichen auseinander setzte, Stillleben aufbaute und diese in verschiedenen Verfremdungsgraden zu Papier brachte.

Bis zur ersten Ausstellung der Dahlemer Dienstagsmaler 1966 lauteten die Themen „Farbübungen auf geometrischen Flächen: Quantität und Qualität der Farben; helle, dunkle, differenzierte Tonwerte", „Anwendung der Erfahrungen auf Naturstudien (z.B. Auflösung von Blumen in Farbflecke", „Das Weiß als Farbe: Schwarz-Weiß-Übungen", „Erkennen und Nachmischen von sehr differenzierten Farben nach Kunstdrucken (z.B. Braque, Gris, Klee)", „Umsetzen der Farbtonwerte in Schwarz-Weiß-Technik", „Eigene Farbgebung dieser Kompositionen". In der folgenden Periode bis zur zweiten Ausstellung 1970 lauteten die Themen „Kompositionsübungen aus Buchstaben und Zeichen (Schablonentechnik)", „Kompositionsübungen nach aufgebauten Stillleben", „Aufspüren von Kompositionsmöglichkeiten in Fotos und Reproduktionen (Ausschnitte, Motive, Themen wie z.B. schwer und leicht, vorne und hinten)", „Abstrahierung von Naturformen und Produkten und ihre freie Anwendung in einer Komposition", „Abstrahierte Land-

Mit Jan, Rolf und Sigrid „Lulu" Westphal-Hellbusch im Kieferngrund

schaftsstudien (z.B. von Ferienreisen)", „Versuche mit der Perspektive (z.B. Bühne, Kegel)", „Der imaginäre Raum: Überschneidungen und Verkürzungen farbiger Flächen". Diese Angaben sind einem Informationsblatt zur zweiten Ausstellung entnommen, in der auch die sieben Teilnehmerinnen an dem Malkursus genannt werden, unter ihnen Margret Boveri, Gertrud Braune, Sibylle Hochheimer und Dorothee Poelchau, mit denen sich neue Freundschaften entwickelten.

Aus der Ehe mit P. O. Rave gab es ein dichtes Beziehungsnetz zu den Kunsthistorikern, so dass M. Th. Rave bei offiziellen Anlässen fast immer Gesellschaft hatte. So traf sie 1977, anlässlich der Einweihung des Deckenbildes von Peter Schubert in der Charlottenburger Orangerie, die Ehepaare Martin Sperlich, Stephan Waetzoldt, Leopold Reidemeister, Tilmann Buddensieg und Hans Wingler, sowie natürlich die Hausherrin Margarethe Kühn. 1977 wurde M. Th. Rave Mitglied des gerade neu gegründeten Vereins der Freunde der Nationalgalerie, für dessen Wiederbelebung sich Paul Ortwin vor 25 Jahren noch erfolglos eingesetzt hatte, und kam dadurch auch mit Dieter Honisch in Verbindung. 1980 wurde sie zum Ehrenmitglied in die Pückler-Gesellschaft berufen. Diese Gesellschaft richtete 1983 in Anwesenheit der Familie Rave in der Eosanderkapelle des Schlosses Charlottenburg eine Feier zu Ehren Paul Ortwin Raves aus mit einem Vortrag der langjährigen Mitarbeiterin Irmgard Wirth, einer Ansprache von Martin Sperlich und einer Lesung von Prosa und Gedichten von Peter Gan durch den Schauspieler Wolfgang Unterzaucher. Zu den regelmäßigen Ereignissen in jenen Jahren zählten die Ausstellungseröffnungen der Akademie der Künste am Hanseatenweg, zu denen die kunstinteressierte Öffentlichkeit der Stadt sonntags vormittags, wie früher in die Kirche, zusammenströmte, wobei sie den Kunstgenuss ebenso erwartete wie das Gespräch mit Künstlern und Freunden. Da M.Th.Rave über Jan und Rolf sowohl mit dem Akademiepräsidenten Werner Düttmann als auch mit dem Präsidialsekretär Michael Haerdter bekannt geworden war, konnte sich hier wie zu Hause fühlen.

Jan und und Rolf Rave hatten seit 1963 ein eigenes Architekturbüro, und sie zeigten ihrer Mutter häufig ihre Entwürfe, Baustellen und Publikationen. Ebenso gerne und

Mit Paulo, Rolf, Berliner Bär und Jan nach einem Besuch der Großen Berliner Kunstausstellung vor den Messehallen, 1960

Mit Paulo und Jan am Theodor-Heuß-Platz, 1960

regelmäßig stellte sie ihren Söhnen ihre neuesten Bilder und Zeichnungen vor. Meinungsaustausch, Anregungen und Kritik waren auf beiden Seiten erwünscht, und selbstverständlich unternahm man gemeinsame Ausstellungsbesuche und Besichtigungsfahrten durch die Stadt. Die Mutter war stolz auf ihre Söhne, die sich nach zwei Wettbewerbserfolgen zu einer Arbeitsgemeinschaft zusammengeschlossen hatten und vom Berliner Senat den Kunstpreis junge Generation verliehen bekamen. Ihr Büro in der Knesebeckstraße 13 wurde für Marave zu einem neuen Anlaufpunkt in der Stadt, ebenso wie ein paar Häuser weiter das Steakhaus „Knese", das ihre Söhne eingerichtet hatten und in dem man sich nun jederzeit zwanglos treffen konnte. Dieses Lokal mit seiner integrierten Kunst von Siegfried Kischko war zu einem, wie wir heute sagen würden, „Szenelokal" geworden. Es war wegen seiner Liberalität geschätzt und ein Geheimtip für Berlin-Besucher. Hier trafen sich Künstler aller Sparten, Anwälte und Unternehmer ebenso wie Protagonisten der außerparlamentarischen Opposition, also das Establishment und seine Gegner, kurz, es spiegelte die typische 1968er Mischung, bevor die Radikalisierung und das Auseinanderfallen der Bewegung begann. M. Th. Rave notiert 1970 in ihrem Tagebuch, dass sie mit Alfred Hentzen aus Hamburg in der „Knese" war, dort die Söhne und viele Freunde traf und über Demonstrationen diskutierte.

Sie ist immer ein politischer Mensch gewesen. In den 50er Jahren trug sie das Abzeichen der Aufrüstungsgegner, zwei nach oben gestreckte, ein Gewehr zerbrechende Hände. 1963 unterstützte sie „Terre des Hommes" mit einer Postkarte von einem ihrer Bilder, 1965 stiftete sie zwei Aquarelle der Kampagne für Abrüstung. Als 1968 Jan und Rolf wegen der Enzyklika de Humanae Vitae des Papstes Pius XII. aus der Kirche austraten, schloss sie sich ihnen spontan an mit der Bemerkung, jetzt seien sie endlich zu Verstand gekommen. Sechs Jahre früher notierte sie in ihrem Tagebuch ihre Erschütterung über die Ermordung John F. Kennedys; 1965 „Wahlergebnis CDU, verdammt nochmal!"; 1972 große Freude über Willy Brandts Sieg über das Misstrauensvotum der CDU im Bundestag. In demselben Jahr und zwei Jahre später spendet sie zwei Aquarelle zur Versteigerung zugunsten von Amnesty International. 1977 nimmt sie den Tod

Picknick am Brenner, 1958

Rast auf einer Reise nach Italien, mit Rolf und Paulo, 1958

der Gefangenen in Stammheim ebenso wie die darauf folgende Ermordung Schleyers mit Bitterkeit zur Kenntnis. Später, als sie in meinem Haus wohnte, konnte man sie in ihrer Souterrainwohnung zuweilen laut werden hören; wenn man dann den Fernseher anstellte, sah man, wie erwartet, den Auslöser ihrer Wut auf dem Bildschirm: Franz Josef Strauß.

Inzwischen waren aus Freundinnen der Söhne Schwiegertöchter geworden, wodurch sich neue Beziehungslinien zu deren Wohnungen ergaben. Rolf bewohnte mit seiner ersten Frau, der Kauffrau Franziska, geborenen Regnier, eine von ihm und Jan gebaute Terrassenhauswohnung am Grethe-Weiser-Weg gegenüber dem Teufelsberg. Marave war sicher nicht die Mutter, die sich wie viele andere nach Enkeln sehnte. Als aber 1971 Emma Luise geboren worden war, übernahm sie nicht nur pflichtgemäß sondern mit Hingabe die großmütterlichen Aufgaben, wobei ihre Beobachtungen kindlichen Wesens mit großer Präzision im Tagebuch beschrieben und im Skizzenblock festgehalten werden. Gemäß ihrem politisch-sittlichen Weltbild nahm sie an der Erziehung lebhaften und häufig kritischen Anteil. Jans kurze Ehe mit der Buchhändlerin Galina, geborenen Hahn, blieb kinderlos und ging in den 68er Jahren, aus deren Vorlauf sie sich ergeben hatte, auseinander. Nach der Scheidung hielt Marave die Verbindung mit Galina aufrecht, weil sie das Gespräch mit ihr schätzte. Das ausdauernde und vertiefende Gespräch war für Marave wichtigstes Kriterium ihrer freundschaftlichen Beziehungen, die sie gerade in ihrer Nähe, also auch bei den Schwiegertöchtern suchte. Sie fand es in hohem Maße bei Rolfs zweiter Frau, der Architektin Roosje, geborenen Stamm, mit der sie sich eine Zeit lang zu regelmäßigem Gedankenaustausch traf. Rolf und Roosje bewohnen eine geräumige Altbau-Etagenwohnung in der Meierottostraße und haben seit 1980 eine Tochter, Laura Veronika. Jan hatte schon ein paar Jahre früher, 1972, eine sechzig Jahre alte Villa in der Prinz-Friedrich-Leopold-Straße nahe der Rehwiese bezogen und drei Jahre später die Kauffrau Anica, geborene Vukić, geheiratet. Die Kinder dieser Ehe, Janos Paul und Eva Marijana, kamen erst 1983 und 84 durch Adoption ins Haus, so dass die sich anbahnende Oma-Enkel-Beziehung nicht mehr von langer Dauer sein konnte.

Mit dem Bild „Schräges rotes Rechteck" (WVZ 65/5) im Kieferngrund

Da das zur Miete bewohnte Haus im Kieferngrund verkauft werden sollte und Marave auf Wohnungssuche war, schlug ich ihr vor, in mein Haus, in die eigens für sie hergerichtete Souterrainwohnung mit eigener Terrasse und kleinem Atelier zu ziehen. Mit großer Freude, aber auch Bedenken, nahm sie dieses Angebot an. Sie ahnte, dass das Ausbalancieren von Nähe und Distanz nicht leicht würde. Als sie 1973 in diese neue, ihre letzte Wohnung einzog, empfand sie dies als einen besonders positiven Einschnitt in ihr Leben. Und da sie sich mit der neuen Schwiegertochter gut verstand, schien das Glück vollkommen. Anica führte ab 1981 die Cafeteria in der Neuen Nationalgalerie, später auch die im Dahlemer Museum, und bot somit einen neuen gastronomischen Anziehungspunkt, der von Marave gern angesteuert wurde. Zuhause besuchte man sich gegenseitig, oben oder unten. Oder sie saß auf ihrer eigenen, vormittags besonnten Terrasse im Vorgarten zwischen den Rhododendren und unter den Kronen der Kiefern, und an ihrem Hochzeitstag erblühte regelmäßig der Mohn. Wie sie dort, mit ihrer auffallenden, weißen Löwenmähne in der Sonne saß, einen großen Blumenstrauß vor sich auf der Terrassenbrüstung, ihren Proust las, Briefe schrieb oder mit Besuchern sprach, bot sie den Passanten unten auf der Straße ein harmonisches Bild wie aus Fontanes Tagen.

Hinzu kommt, und das rundet das Bild aus einer guten alten Zeit ab, dass sich ein großer Freundeskreis in den alten Villen rund um die Rehwiese angesiedelt hatte, der scherzhaft die „Rehwiesionisten" genannt wurde: schräg gegenüber die Pfefferkorns, nebenan die Piepers und ein Haus weiter Jan und Farid Bassenge, in der anderen Richtung die Kischkos, jenseits der Wiese Tolek und Danka Gotfryd, die Schitthelms und die Grötzebachs, jenseits des Nikolassees die Theißens. In allen Häusern und Gärten wuchsen Kinder heran, die Marave auf ihrer erhöhten Terrasse herzlich begrüßten; manche nahmen bei ihr auch private Zeichenstunden wie Hana und Anja Streicher, die älteren Töchter von Farid; und alle trafen sich zwanglos in kleinen Runden oder auf großen Gartenfesten. Oder, je nach Jahreszeit, zum Schwimmen oder Schlittschuhlaufen. Marave war fast immer dabei. Durch die Freunde ihrer Söhne wuchs ihr soziales Umfeld noch einmal beträchtlich; hier seien noch Viola Stephan und ihre Eltern Michael und

Mit Franziska Rave, 60er Jahre

Mit Anica Rave, Lore und Wolfgang Kiepenheuer vor der Melonerie, Potsdam, 70er Jahre

Dorothea genannt, sowie Eva Poelzig und Henne Heidenreich. Die besonders innige Verbindung mit dem Verleger Karl-H. Henssel und seiner Frau Asta ist aus dem Kreis um die Bierichs und Poelchaus hervorgegangen.

Als Beispiel für die bei den „Rehwiesionisten" ausgeprägte Fähigkeit zu feiern sei die Beschreibung von Elisabeth Pfefferkorns Geburtstagsfest im Juni 1979 aus Maraves Tagebuch hier wiedergegeben: „Nachmittags mit Jan und Anica zu Fuß zur Pfaueninsel. Die Geburtstagsgesellschaft war, obgleich wir eine Stunde zu spät waren, noch nicht da. Als wir gerade weggehen wollten, kam ein langer, bunter Zug junger und älterer Menschen uns entgegen, mit Körben und Kuchenblechen beladen und in fröhlichster Stimmung. Die Liegewiese, ein riesiger durch Bäume abgeschlossener Raum, bot genug Platz, uns auszubreiten. An den Rändern lagerten schon mehrere kleine Gruppen. Eine riesengroße Kaffeekanne stand in der Mitte zwischen Kuchen, Petits Fours und Körben mit Broten und Früchten. Aber zuerst gab es Sekt zum Vivat. Für mich gab es viele Wiedersehen und Gespräche. Abends bei Elisabeth im Garten, wieder neue Gäste..."

Nach dem Tiefpunkt im Jahr 1971, als Marave sich bei einem Sturz auf vereistem Spazierweg an der Krummen Lanke ein Handgelenk gebrochen hatte, was ihre Produktivität stark einschränkte, war das Jahr 1973 mit dem Umzug nach Nikolassee zum Datum eines Neubeginns geworden. Nicht nur eine neue Kreativität, auch ein bis dahin kaum erhoffter Berufserfolg stellten sich jetzt ein. Schon im nächsten Jahr gab es die erste große Einzelausstellung in der Galerie Gerda Bassenge, „Kompositionen 1962–72", mit lebhaftem Publikumsinteresse. Verkauft wurde allerdings kein einziges der 38 Exponate. 1975 folgte eine Ausstellung in der Arztpraxis von Gunda Köppen und 1978, zum 75. Geburtstag, eine Accrochage ihrer Gouachen aus dem vorangegangenen Jahr im Büro der Architektensöhne. Wer mitten im Leben steht, auch der ältere Mensch, erkennt die Wellenlinien seiner Zu- und Abnahmen nur vage, erst mit dem Abstand werden diese Abläufe deutlich. Bei M. Th. Rave gliedern sich die drei letzten Lebensjahrzehnte in drei Schaffensphasen, die von Zäsuren getrennt werden: 1962 Paulos Tod und Beginn der

Accrochage im Architekturbüro Rave, 1978, mit Werner Düttmann, Franziska Rave, Saskia Steltzer, ...

mit Asta Henssel, ...

Arbeit mit den Dahlemer Dienstagsmalern, erste Regression auf Naturstudien mit Stilleben; 1971–73 Handbruch und Umzug nach Nikolassee, zweite Regression auf „Stilleben im kleinen Atelier"; um 1980 ein drittes Tief mit schweren Depressionen.

1978, mitten auf einem Scheitelpunkt der Wellenlinie, war auch das Jahr der großen Schenkung an die Berlinische Galerie. 21 Werke, von Eberhard Roters mit seinem sicheren Blick für Qualität ausgewählt, wurden Eigentum der neuen städtischen Galerie für berlinische Kunst, von denen einige in den Themenausstellungen des Jahres 1981, „Längsschnitte 1, Berlin realistisch 1890-1980", „Längsschnitte 2, Berlin konstruktiv" und „Konkret-konstruktive Kunst" ausgestellt wurden. Die folgende Einzelausstellung, 1983 zum 80. Geburtstag der Künstlerin in der Off Galerie von Mania Wodowoz-Bahlsen, wurde zum sichtbaren und spürbaren Triumph, denn das Publikum, von einem wohl ansteckenden Kaufrausch erfasst, bemächtigte sich ihrer schönsten Bilder. Drei Jahre später, auf einer Gruppenausstellung mit dem Namen „Konstruktivismus" in derselben Galerie, die inzwischen von Steglitz nach Halensee umgezogen war, wurden zwei hochformatige Collagen, wieder auf Anregung von Eberhard Roters, von der Berlinischen Galerie angekauft.

Anlässlich ihres 80. Geburtstages erschien im „Tagesspiegel" in der Rubrik „Gesichter der Großstadt" ein Portrait der Malerin von Ilse Drews unter dem Titel „Eine heitere Pessimistin: Ihr Äußeres – schmal, fast zerbrechlich, klassischer silberhaariger Pagenkopf – lässt kaum von der Energie ahnen, die in der Alten Dame steckt. Ich bin eine heitere Pessimistin, die viel von ihrer Heiterkeit eingebüßt hat, sagt sie, und fügt dann eilig, als könne sie den Satz nicht so stehen lassen, hinzu: Aber ganz habe ich sie nicht eingebüßt. ... Eine Frau, die 80 Jahre Erleben geprägt haben, zwei Kriege, Chaos, das sie noch heute beschreiben kann, als sei es erst gestern gewesen. Und Jahre reich an Glück des Lesens, Sehens, Entdeckens – und auch voller Liebe. Sie ist keine verzweifelte Ängstliche geworden, sondern eine Frau von weiser Lebendigkeit, die Kritik und Zweifel an der Umwelt hat und sie genau, fast streng, dennoch voll Wohlwollen und Nachsicht untersucht und diskutiert. ..."

Wolfgang Kiepenheuer, Rolf, ...   Irmgard Rave, Roosje Rave, Ortwin Rave, ...

Aber in dem Maße wie das Licht heller wird, werden die Schatten tiefer. 1974 schreibt M. Th. Rave in ihr Tagebuch, „ich möchte mich manchmal in Luft auflösen – ich möchte und könnte malen, wenn ich nicht immer damit beschäftigt wäre, meine Gegenwart zu bewältigen." Schon im Jahr davor stellte sie fest, „dass ich sehr im Rückstand bin mit dem kulturellen Geschehen, seitdem ich gegenüber früher weniger oft Gesprächen zuhören kann, die Jan, Rolf und die Freunde mit einander führen – es gibt weniger Gelegenheit: So rollt die Zeit langsam über mich hinweg." Später schreibt sie mit einem Anflug von Selbstironie von einer „geradezu kultischen Depressionspflege", und: „Starke Depressionen trotz allem Schönen". Sie sieht den Zwiespalt zwischen dem äußerlich erfüllten Leben und der innerlich erlittenen Einsamkeit. Unklar bleibt, wie viel davon auf die Schwerhörigkeit zurückzuführen ist. Eine Ohrenoperation bei einem Hamburger Spezialisten brachte keine nachhaltige Besserung, stattdessen, Jahre später, eine Tagebuchnotiz von tragikomischer Schlichtheit: In einer Gesellschaft „im Gespräch isoliert – rechts und links zwei mir zugewandte Rücken".

In demselben Jahr, 1979, findet sich die kurze Notiz „ein Spaziergang mit Jan am Wannsee: Nach starkem Regenguss herrlich aufgewühlt und voller Lichteffekte". Auf einer glücklichen Reise mit den Henssels nach Sylt schreibt sie: „Zum Watt bei Ebbe. Viele Leute sammelten Miesmuscheln bis weit draußen, wo sie wie Riesen wirkten wegen der Spiegelung in den Wasserlachen. Plötzlich brach die Sonne durch den Nebel und verzauberte Watt und Land, ein grandioses, nie gesehenes Bild, aber von kurzer Dauer. Da kam von Norden eine gelbbraune Nebelwand auf uns zu und hüllte uns ein... Wir gingen durch die Dünen Richtung Norden. Am Strand wurde es immer heller, und wieder kam die Sonne durch, diesmal für länger. Es waren viele Menschen am Strand in Gruppen meist gehend und in der Ferne geisterhaft verschwimmend. Das Gelb der Jacken und das Blau der Hosen ergaben eine schöne, einheitliche Staffage auf dieser riesigen Bühne". Von den Landschaftsschilderungen ihrer Reisen fällt diese besonders auf, sie erscheint wie ein Schlüssel zu vielen ihrer Bildthemen, die zwischen Realismus und Abstraktion schillern wie hier die Licht- und Spiegeleffekte vor einem weiten Horizont. Felicitas Rink fragte mich, ob M. Th. Rave eine besondere Beziehung zum Wasser

Anatol „Tolek" Gotfryd und Anica Rave ...   und mit Dieter Gütt

gehabt habe, dies könnte die Antwort sein. Das Zitat ist aber auch die positive Antwort der Künstlerin auf ihre deprimierende Schwerhörigkeit. Humorvoll sagt sie es auch anlässlich eines Opernbesuches mit Dorothea Stephan, Der Fliegende Holländer: „Ich werde kein Opernfan. Das Ariengesinge langweilt mich – Bühnenbild wie eine Illustration zum deutschen Sagen- und Heldenschatz". Das Auge dominiert. Andererseits sollte nicht verschwiegen werden, dass M. Th. Rave in früheren Jahren das Geigenspiel pflegte und eine Zeit lang regelmäßig mit Heinz Westphal und wohl auch mit Schwager Helmuth zum Spiel klassischer Stücke zusammenkam.

Die Siebziger Jahre brachten den Westberlinern mit den Ostverträgen Reiseerleichterungen, die Marave nutzte, um Stationen ihres Lebens wiederzusehen. So fuhr sie, in unterschiedlicher Begleitung, meist mit Jan oder Rolf und ihren Familien, mehrfach nach Potsdam, nach Branitz und Muskau, nach Weimar und Merkers, ins Oderbruch und nach Usedom. Diese Tagesausflüge mit dem Auto erlebte sie frei von Vorurteilen in Bezug auf den ostdeutschen Staat, aber vielleicht gerade deshalb immer wieder enttäuscht, ja erschrocken über die vorgefundene Realität, die abweisende Kälte. Muskau, 1974: „...ich fand erst langsam Zugang zu früherem Aufenthalt im Schloss ... aus unseren Turmfenstern hingen mächtige Sträucher heraus, überall wuchsen Birken und Holunder aus dem Gemäuer. Die Neiße schien mir reißender als früher, überall standen Grenzpfähle in frischer schwarz-rot-gelber Farbe. Ein Angler als Traumbild. Die Berührung mit Menschen war enttäuschend, nur finstere, fast feindselige Blicke."

Natürlich besuchte sie häufig, fast regelmäßig, die Verwandten der Raven-Familie in Münster und anderen Orten Westdeutschlands. Ihre großen Ferienreisen führten sie 1964 mit Harald und Dorothee Poelchau nach Ischia, 1967 mit Irene Kühnel nach Elba, wo sie Sibylle Hochheimer und Tochter Manuela traf, 1972 mit Kühnel nach Bad Gastein, zweimal mit verschiedenen Freundinnen nach London, wo sie Luise Kimme besuchte. Von 1964 bis 1982 besuchte sie jede Documenta, entweder mit Freundinnen aus dem Dahlemer Malkreis oder der Familie. Sie fuhr zu den Bierichs nach Düsseldorf, zur Familie Reverdin nach Genf und zu Theresa Muller nach Washington. Sie reiste viel. Mir

Mit Dorothee Mühlberg und Fred Riedel, Veranda in der Prinz-Friedrich-Leopold-Straße, Berlin-Nikolassee, 70er Jahre

Mit Gästen auf ihrer Terrasse, 80er Jahre

ist am liebsten die Erinnerung an eine kleine Reise mit ihr nach Prag – 1966 zum Prager Frühling.

M. Th. Rave pflegte keine besonderen Beziehungen zu den Künstlern ihrer Generation, sie ergaben sich aus dem Zusammenleben in der Stadt, zum Beispiel bei Ausstellungseröffnungen. Uhlmann und Trökes mochte sie gern, Heiliger weniger. Eglau, den sie zufällig auf einer Reise traf, nannte sie im Tagebuch einen Nörgler. Dass sie sich mit ihrem Bruder Josef, der als Autodidakt expressionistische Bilder malte, über Kunst unterhielt, versteht sich. Weitere, zum Teil tiefer gehende Beziehungen entwickelten sich aus dem Freundeskreis der Söhne: Christine Theißen, spätere Jackob-Marks, mit ihren in expressivem Duktus farbenfroh oder farbenschwer gepinselten Landschaften, Siegfried Kischko mit seiner von der Pop Art beeinflussten Zeichensprache, Luise Kimme, die in London pop-artige Acryl-Plastiken und später in der Karibik lebensgroße und ausdrucksstarke bemalte Holzfiguren schuf, Dieter Finke („Kuddel") mit seinen objekthaft verfremdeten Landschaften und Materialtieren oder Karina Raeck mit ihren gefundenen oder der land art zuzurechnenden Traumobjekten. Markus Lüpertz tauchte beim Gartenleben im Kieferngrund auf, und Marave besuchte ihn einmal mit Jan, als er in den Feierhallen des Krematoriums Ruhleben an seinen großen, dithyrambischen Wandbildern arbeitete, eindrucksvoll und, wie sie im Tagebuch notiert, düster.

Mit Iris Lohmann, die ein hyperrealistisches Bleistift-Portrait von Marave zeichnete, diskutierte sie über das Portraitieren, das sie ja auch selbst meisterhaft verstand, und zu dem Gips- und späteren Bronzekopf, den Erich F. („Fritze") Reuter von ihr anfertigte, sagte ein gemeinsamer Freund, der Journalist Dieter Gütt, laut Tagebuch: „Mein Portrait sei wundervoll gelungen und ich sei eine wundervolle Frau! Was willste mehr! (Er war betrunken)". Hingegen war das Wiedersehen mit Heinrich Klumbies, einem Studienfreund aus den Zwanziger Jahren, wohl eher enttäuschend, zu sehr überwog, wie der Briefwechsel offenbart, das Selbstdarstellungsbedürfnis. Ganz anders war der Tenor der Briefe und das Wiedersehen mit Mathias Goeritz, der zwischen Mexiko und Israel sich ein paar Male in Berlin aufhielt: herzlich und voll gegenseitiger Bewunderung.

Mit Manja Bahlsen in ihrer Ausstellung in der Off Galerie, 1983

Klar, dass Rave die Großen der Klassischen Moderne verehrt und bewundert, von Picasso über Kandinsky und Klee bis Beckmann. Über Dali notiert sie jedoch: „Sehr enttäuschend, mag ihn immer weniger; ein Pedant ohne Tiefgang, ein Blender und Schwindler; seine späteren Sachen von frömmelnder Wichtigtuerei", und Max Ernst hält sie schlicht für überschätzt. Über Beuys notiert sie nach dem ebenso eindrucksvollen wie schwer verständlichen Gespräch, das er mit den Freunden der Nationalgalerie geführt hat, „pythisch". Die Ausstellung „Westkunst" in Köln fand sie sehr deprimierend, und anlässlich der Eröffnung der „Zeitgeist"-Ausstellung im Gropius-Bau schrieb sie: „Mehrere tausend Menschen, ein Tollhaus und Narrenkarussell – alle suchten jemand, ich auch: Jan und Anica, die mich nach Hause bringen wollten. Ich habe wenig Ausstellungen gesehen, aber den „Zeit-Geist" glaube ich gesehen zu haben, ich spürte deutlich, dass ich eine Gänsehaut bekam." Des Lobes voll ist Rave von Turner (1972 in London gesehen), Rauschenberg, „der uns buchstäblich berauschte" (Kunsthalle), und Twombly (1982 Neue Nationalgalerie, Sammlung Marx), über den sie schreibt: „...später Besichtigung bei hellem Tageslicht und siehe da! Die Twombly-Bilder zeigten hochsensible malerische Tonwerte unter den skripturalen Zeichen, das Kunstlicht hatte die Hintergründe aufgefressen und zurück blieb nur gähnende Dürftigkeit – ergo: Ein Kunstwerk steht und fällt mit dem Licht!" Und über Bacon (1986, ebenda): „...eher geschockt als erfreut; ...das Gegenständliche darin in seiner vollkommenen Entmaterialisierung, das Gedankliche, die Gefangenschaft des Menschen in seiner Persönlichkeit bleibt sekundär; primär ist die Malerei."

1976 begibt sich M. Th. Rave wegen des Verdachts auf Brustkrebs in die Behandlung eines Arztes, der in bestimmten Fällen die psychische Komponente einer Krankheit zu einem aktiven Bestandteil der Therapie macht, Professor Heinz Oeser. Er ermutigt seine Patientin zur Schaffensfreude, sie besucht ihn immer wieder mit Mappen voller neuer Bilder. Er sucht einige aus, um sie für eine Weile in seiner Praxis aufzuhängen. Sie wird tatsächlich vom Krebs geheilt, und 1977 wird zu ihrem produktivsten Jahr. Darauf folgt, wie schon berichtet, die dritte Zäsur, das künstlerische Schaffen kommt völlig zum Erliegen. Ab 1982 beginnt die letzte Schaffensperiode mit großen Serien von Bleistift-

Mit dem Bild „Kugel vor zwei Kästen" (WVZ 72/4) im kleinen Atelier, 80er Jahre

zeichnungen und erstaunlich farbigen Collagen. 1983 ein nächtlicher Anfall von Angina Pectoris mit Fahrt ins Krankenhaus. In den folgenden Jahren verstärken sich rheumatische Beschwerden, häufen sich Stürze, Bettlägerigkeiten und tiefe Depressionen. 1987 weitere Herzattacken und schließlich die Einlieferung auf die Intensivstation des nahen Hubertus-Krankenhauses. Dank ihres Patiententestaments wird sie bald in ein normales Krankenzimmer verlegt, schmerzstillende Mittel versetzen sie in Euphorie. Sie lobt die Schönheit des herbstlich durchsonnten Zimmers und die Weichheit des Bettes. Die Söhne und Schwiegertöchter ahnen nicht, wie schnell es gehen würde, wie wenig Zeit noch für den Abschied blieb. Maria Theresia starb zwei Tage später, am 27. September 1987.

WERKVERZEICHNIS

Dieses Werkverzeichnis basiert auf einer handschriftlichen Urschrift, die M. Th. Rave in den frühen Achtziger Jahren mit Jan Rave angelegt hat; die darin festgelegte Numerierung wurde im Wesentlichen beibehalten und ergänzt. Die Reihenfolge der Nummern innerhalb der Jahresgruppen entspricht nicht immer der Entstehungszeit.

Die Titel mit und ohne Anführungszeichen sind in der Urschrift von M.Th. Rave autorisiert worden, diejenigen mit Anführungszeichen wurden als schon vorhandene Titel übernommen, diejenigen ohne Anführungszeichen wurden bei der Anfertigung der Urschrift ertunden. Später aufgefundene, historisch belegbare Titel aus der Zeit vor Anfertigung der Urschrift wurden ebenfalls mit Anführungszeichen versehen.

Die Titel in Klammern sind später von Jan und/oder Rolf Rave hinzugefügt worden, diejenigen mit einem * aus später aufgefundenen Listen der Künstlerin, für 1977 als „improvisierte Titel" für Bilder vom 11.I. bis 19.VIII, für die Jahre 1984-86 auf Zetteln, die M. Th. Rave in der Zeit zwischen dem Abschluss der Urschrift und ihrem Tode angefertigt hat, die Datierungen „lt. Zettel" nur im Falle der Abweichung von der Urschrift.

Malgrund, wenn nicht anders angegeben, Papier. „Gouache/Tempera" im Wesentlichen gleich Plakafarbe.

P. A. = Passepartout-Ausschnitt

Der Vermerk „Verbleib unbekannt" kann auch bedeuten, dass das Bild von der Künstlerin übermalt wurde und deshalb nicht auffindbar ist.

Studienblätter, Portraitzeichnungen und Grußkarten in Postkartenformat sind nicht erfasst.

Zwanziger Jahre

Undatierte Werke

II/1 „Masurischer See" Abb. S. 9
Aquarell auf Papier; P. A. 31 x 40,3 cm;
unsign. u. undat.
Ausstellungen: 1945 Herbstausstellung Kamillenstraße, Berlin
Privatbesitz Berlin
Entstand wahrscheinlich 1926 auf einer Reise nach Elditten

II/2 (Paviane im Zoo)
Öl auf Presspappe; 45 x 34 cm; unsign. u. undat.
Privatbesitz Berlin
Wahrscheinlich Studienarbeit aus den 20er Jahren

II/3 „Fischerdorf an der Ostsee"
Aquarell auf Papier; Rahmen-Außenmaße 48 x 62 cm;
unsign. u. undat.
Ausstellungen: 1946 Frühjahrsausstellung Kamillenstraße, Berlin
Privatbesitz Zetel-Neuenburg

II/4 „Sandkuhle"
Aquarell auf Papier; Rahmen-Außenmaße 44 x 62 cm;
sign.: TH. F. M. Th. F. R, undat.
Privatbesitz Zetel-Neuenburg

II/5 (Landschaft mit Häusern)
auch (Häuser am Meer)
Aquarell auf Papier; 30,7 x 39,3 cm; unsign. u. undat.
Privatbesitz Berlin

1920–29

25/1 (Kahn)
Aquarell; 32 x 24,7 cm, P. A. 26 x 22,5 cm;
verso dat.: 1925
Privatbesitz Berlin

25/2 (Mohnblumen)
Aquarell auf Bleistift-Vorzeichnung, 37,7 x 33,4 cm;
re. unten sign: Th. Faensen; auf Kaschierung dat.: 1925
Privatbesitz Berlin

26/1 (Landschaft I)
Aquarell; P. A. 17,6 x 30,2 cm; li. unten nachsign:
M. Th. Rave, re. unten dat.: 1926
Privatbesitz Berlin

26/2 (Landschaft II)
Aquarell; P. A. 22 x 30 cm; re. unten nachsign.:
Rave-Faensen, verso dat.: 1926
Privatbesitz Berlin

27/1

27/1 „Schiffe auf der Oberspree"
Mischtechnik (Gouache/Tempera, Aquarell und Kreide)
auf Papier; 26,9 x 35,6 cm, P. A. 26,6 x 34,7 cm;
re. unten sign. u. dat.: M. Th. Rave-Faensen 1927
Ausstellungen: 1981 „Berlin realistisch 1890–1980.
Längsschnitte 1", Berlinische Galerie, Berlin
Seit 1978 Eigentum der Berlinischen Galerie,
Graphische Sammlung, Berlin (BG-G 1314/78)

28/1 (Landschaft III)
Aquarell; P. A. 22,8 x 30, 7 cm; li. unten nachsign.:
M. Th. Rave, re. unten dat.: 1928
Privatbesitz Berlin

Dreißiger Jahre

Undatierte Werke

III/1 „Traum auf dem Karussellpferd"
auch „Karussellpferd"
Öl auf Leinwand; 71,2 x 52,5 cm; auf dem Keilrahmen
signiert: Rave-Faensen, Arnimallee 23 a
Ausstellungen: 1945 Herbstausstellung Kamillenstraße,
Berlin; 1983 Off Galerie, Berlin
Privatbesitz Berlin

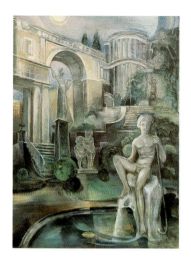

III/2 Sanssouci (I)
Öl auf Leinwand; 95 x 70 cm; unsign. u. undat.
Ausstellungen: 1983 Off Galerie, Berlin
Privatbesitz Berlin

III/3 (Sanssouci II)
Mischtechnik, Pastell; 47,5 x 58 cm
Privatbesitz Köln

III/4 „Gärtnerei in Potsdam"
auch (Blick aus der Melonerie)
Aquarell; 34,6 x 48 cm; unsign. u. undat.
Privatbesitz Berlin
Entstand als erste Abstraktion nach der Natur in der Melonerie, Park Sanssouci

III/5 „Die Geige" Abb. S. 6
Öl auf Leinwand; 70 x 53 cm, unsign. u. undat.
Ausstellungen: 1983 Off Galerie, Berlin
Privatbesitz Berlin

1930–39

36/1 „Vorstadthäuser bei Potsdam I"
Abb. S. 11
Mischtechnik (Aquarell, Gouache/Tempera, Kreide u. Bleistift) auf Papier; 30 x 43 cm; li. unten sign. u. dat.: M. Th. Rave-Faensen 1936; verso dat.: 1936
Ausstellungen: 1981 „Berlin realistisch 1890-1980. Längsschnitte 1", Berlinische Galerie, Berlin
Seit 1978 Eigentum der Berlinischen Galerie, Graphische Sammlung, Berlin (BG-G 1315/78)

37/1 „Vorstadthäuser bei Potsdam II"
Abb. S. 11
Mischtechnik (Aquarell, Kreide u. Bleistift) auf Papier; 29,5 x 37,5 cm; P. A. 27,2 x 35 cm; re. unten sign. u. dat.: M. Th. Rave 1937
Ausstellungen: 1945 Herbstausstellung Kamillenstraße, Berlin (dies oder 36/1)
Seit 1978 Eigentum der Berlinischen Galerie, Graphische Sammlung, Berlin (BG-G 1316/78)

37/2 „Timmendorfer Strand"
auch (Jan und Rolf am Waldrand)
Aquarell auf Papier; 21 x 29 cm; re. unten sign. u. dat.: M. Th. Rave 1937
Ausstellungen: 1983 Off Galerie, Berlin
Privatbesitz Berlin
Evtl. in den Ferien am Timmendorfer Strand entstanden

Vierziger Jahre

Undatierte Werke

IV/1 „Fernhinziehender Fisch" Abb. S. 12
Pastell auf Papier; 35 x 42 cm; re. unten sign.: M.Th.R.
Privatbesitz Berlin
Entstand vermutlich Ende der 40er Jahre

IV/2 „Jan am Fenster"
Mischtechnik (Collage, Aquarell); P. A. 24,2 x 27,7 cm; unsign.
Ausstellungen: 1983 Off Galerie, Berlin
Privatbesitz Berlin
Entstand vermutlich Ende der 40er Jahre

IV/3 „Nachkriegszimmer in der Arnimallee"
Abb. S. 83
Bleistift-Vorzeichnung u. Aquarell auf Papier; 44,7 x 31 cm; unsign., verso dat. 1944, unvollendet
Ausstellungen: 1983 Off Galerie, Berlin
Privatbesitz Berlin
Die Zeichnung zeigt den einzigen beheizbaren Raum in der Arnimallee 23 a in Berlin-Dahlem, in dem die Familie Rave die Nachkriegs-Elendswinter 1946/47

überstanden hat. Die Datierung „1944" ist unklar.

IV/4 (Schlossteich in Muskau)
Pastell auf Papier; P. A. 45 x 62 cm; unsign. u. undat.
Privatbesitz Berlin
Entstand vermutlich im Winter 1943/44

IV/5 (Portrait Heinrich Faensen)
Pastell auf Papier; re. unten sign.: M. TH. R – F
Verbleib unbekannt
Portrait des Vaters der Künstlerin

IV/6 „Mummenschanz"
Mischtechnik (Aquarell u. Pastell auf Bleistift-Vorzeichnung) auf Papier; 39 x 50 cm; re. unten sign.: M. Th. R – F
Ausstellungen: 1946 Frühjahrsausstellung Kamillenstraße, Berlin
Privatbesitz Berlin

IV/7 Ohne Titel
Pastell auf Papier; 46,5 x 62 cm
Privatbesitz Köln

1940–49

42/1 „Die zwei Brüder Jan und Rolf"
auch „Jan und Rolf vor der Wandtafel", auch „Kinderbildnis"
Pastell auf Papier; 59 x 51 cm; verso von der Hand Paul Ortwin Raves auf Vorsatzkarton beschriftet: „Maria Theresia Rave/Die zwei Brüder Jan und Rolf/1942"
Ausstellungen: 1946 Frühjahrsausstellung Kamillenstraße, Berlin; 1983 Off Galerie, Berlin
Privatbesitz Berlin
Im „Silberspiegel" Dez. 1942 mit Text von P. O. Rave veröffentlicht

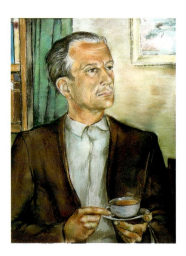

43/1 „Portrait Paul Ortwin Rave"
Pastell auf Papier; 65 x 50 cm; verso Schild mit Inschrift von der Hand P. O. Raves: „Paul Ortwin Rave, * 10.Juli 1893, Prof. Dr. phil., Kustos an der National-Galerie, gemalt von Maria Theresia Rave, Pfingsten 1943, Berlin, 10.Juli 1943 zum 50. Geburtstag"
Ausstellungen: 1946 Frühjahrsausstellung Kamillenstraße, Berlin; 1983 Off Galerie, Berlin
Privatbesitz Berlin
Pendant zu 43/2

43/2 „Selbstportrait"
Pastell auf Papier; 60 x 49 cm; unsign. u. undat.
Ausstellungen: 1946 Frühjahrsausstellung Kamillenstraße, Berlin; 1983 Off Galerie, Berlin
Privatbesitz Berlin
Pendant zu 43/1

43/3 (Dachboden) Abb. S. 84
Aquarell u. Kreide; 50 x 65 cm; unten bez. u. dat.: Armin-Allee 23, 1943
Privatbesitz Berlin

45/1 (Schlange im Schilf)
Kohle u. Kreide auf Papier; 34,6 x 38,8 cm; verso dat.: 1945
Privatbesitz Berlin

46/1 (Jan und Rolf mit Schlittschuhen)
Abb. S. 84
Mischtechnik; 50,6 x 44,8 cm; unsign., verso dat.: 1946
Privatbesitz Berlin

47/1 Selbstportrait mit Krug
Pastell u. Kreide; P. A. 64 x 46,5 cm; unsign., re. unten dat.: 1947
Privatbesitz Berlin

48/1 „Stilleben mit Seehaus" Abb. S. 13
Pastell auf Papier; 70 x 48 cm; verso handschriftlich: Dieses Bild gemalt von Maria Theresia Rave gehört Ortwin
Privatbesitz Greifenberg
Geschenk an Ortwin Rave, Münster

Fünfziger Jahre

Undatierte Werke

V/1 „Traum einer Schnecke" Abb. S. 61
auch „Traum der Schnecke"
Aquarell auf Papier; 33 x 24,5 cm; verso (?) sign.
M. Th. Rave V/1
Ausstellungen: 1983 Off Galerie, Berlin
Privatbesitz Berlin
Name des Bildes stammt von Peter Gan

V/2 Ohne Titel
Wasserfarben (?) auf Leinen; Rahmen-Außenmaße
56,5 x 76,5 cm; unsign. u. undat.
Privatbesitz Zetel-Neuenburg
Entstand vermutlich in den 50er Jahren

V/3 Ohne Titel
Aquarell; 21,2 x 15,5 cm; unsign. u. undat.
Privatbesitz Florenz
Entstand vermutlich um 1956

V/4 (Komposition mit Gefäßen) Abb. S. 39
Mischtechnik (Aquarell und Collage) auf Papier;
31 x 25 cm; unsign. u. undat.
Privatbesitz Berlin

1950–59

50/1 „Kleine Serenade"
Öl auf Karton; 41 x 31 cm; re. unten u. verso sign.
u. dat.: M. TH. Rave 1950
Privatbesitz Berlin
Geburtstagsgeschenk für Paul Ortwin Rave

51/1 „Strahlenzauber" Abb. S. 14
Aquarell über Bleistift auf Papier; 33,5 x 47 cm;
P. A. 33,3 x 41,5 cm; re. unten sign. u. dat.:
M. Th. Rave 51; verso sign. u. betitelt Strahlenzauber I
Ausstellungen: 1952 Weihnachts-Verkaufsausstellung
der Berliner Künstler im Schloss Charlottenburg, Berlin;
1981 „Berlin konstruktiv. Längsschnitte 2", Berlinische
Galerie, Berlin
Seit 1978 Eigentum der Berlinischen Galerie,
Graphische Sammlung, Berlin (BG-G 1386/78)

51/2 „Auftakt"
Grundierung (als Übermalung), Vorzeichnung u. Öl
auf Leinwand; 61 x 76 cm; verso sign. u. dat: Maria
Theresia Rave „Auftakt" 1951
Ausstellungen: 1952 Weihnachts-Verkaufsausstellung
der Berliner Künstler im Schloss Charlottenburg, Berlin;
1953 Haus am Waldsee, Berlin
Privatbesitz Berlin
Nach der Übermalung unvollendet

53/1 „Russische Musik" Abb. S. 62
Öl auf Leinwand; 51 x 66 cm; re. unten u. verso sign.
u. dat.: M. Th. Rave 1953
Ausstellungen: 1955 „Gedok"-Ausstellung, Köln
Privatbesitz Berlin

53/2 „Bänder und Bälle" Abb. S. 15
Öl auf Leinwand; 46 x 55,5 cm;, auf Keilrahmen sign.
u. dat.: 1953
Privatbesitz Berlin
*Verso ist ein Teil eines expressionistischen Ölgemäldes
zu sehen; wahrscheinlich eine Studienarbeit aus den
20er Jahren.*

54/1 Ohne Titel
Aquarell; 48 x 6 cm; angegebener Ausschnitt
40,3 x 51,7 cm; re. unten sign. u. dat.: M. Th. Rave 54;
Ausst.-Etikett: Nr.13
Privatbesitz Berlin

54/2 „Afrikanisch"
Aquarell; 33,5 x 47 cm; re. unten sign. u. dat.:
M. Th. Rave 54; verso: Afrikanisch III
Privatbesitz Berlin

56/1 „Nierenformen und Linien" Abb. S. 16
Öl auf Leinwand; 45 x 60 cm; verso sign.u.dat.:
M. Th. Rave April 1956
Privatbesitz Berlin

56/2 Ohne Titel
Aquarell; 39,3 x 50,7 cm, auf Karton aufgezogen;
re. unten dat.: 1956
Privatbesitz Berlin

56/3 Ohne Titel
Mischtechnik (Aquarell u. Collage); 48 x 63,6 cm;
re. unten dat.: 1956
Privatbesitz Berlin

57/1 „Grün-rote Insel" Abb. S. 17
Collage (Ausschnitte aus Aquarell auf rotem Pack-
papierausriss); 43 x 57 cm; re. unten sign. u. dat.:
M. Th. Rave 1957
Privatbesitz Berlin
Kommentar M. Th. Rave: „Ein ganz spontanes Bild".

57/2 „Splitternd" Abb. S. 63
Aquarell, 27 x 40,5 cm; re. unten dat.: 1957
Privatbesitz Berlin

Sechziger Jahre

Undatierte Werke

VI/1 Ohne Titel
Gouache/Tempera; P. A. 28 x 50 cm; unsign. u. undat.
Privatbesitz München

VI/2 „Kleine Komposition in Orange mit Weiß Grün"
Gouache/Tempera; 20,8 x 29,5 cm; unsign. u. undat.
Privatbesitz Münster
*M. Th. Rave erwähnt und bezeichnet das Bild 1973
in ihrem Tagebuch mit dem Hinweis „Plakat-Farbe",
womit vermutlich „Plaka" gemeint ist.*

VI/3 Ohne Titel
Gouache/Tempera; Technik und Maße nicht bekannt
Verbleib unbekannt
Entstand vermutlich in den frühen 60er Jahren

1960–69

61/1 Ohne Titel
Gouache/Tempera auf Sperrholz; 46 x 46 cm;
verso sign. u. dat.: M.Th. Rave 16. Aug. 61
Privatbesitz Berlin
*Das Bild aus dem Nachlass M. Th. Raves scheint
mehrfach übermalt, aber unfertig.*

62/1 „Toteninsel" („zweiundsechzig/eins")
Abb. S. 18
Bleistift; 38 x 50 cm; re. unten dat. u. sign.: M. Th. Rave
Juni 62
Ausstellungen: 1974 Galerie Bassenge, Berlin (62-1,
Abb. auf d. Einladungskarte)
Privatbesitz Berlin
*Erste Arbeit der Künstlerin nach dem Tod Paul Ortwin
Raves*

62/2 „Segel"
Pastell, Rötel und Blei; 38,4 x 38,2 cm; re. unten sign.
u. dat.: M. Th. Rave März 62
Ausstellungen: 1983 Off-Galerie, Berlin (Titelbild II der Einladung)
Privatbesitz Berlin

62/3 Komposition auf hellblauem Hintergrund
Gouache/Tempera; 36 x 48 cm, P. A. 33,5 x 40,8 cm;
re. unten sign. u. dat.: M. Th. Rave, Aug. 62
Privatbesitz Berlin

62/4 Komposition auf rotem Hintergrund
Abb. S. 19
Gouache/Tempera; 35,8 x 48 cm, P. A. 32,8 x 40,8 cm;
verso dat.: 1962
Privatbesitz Berlin

62/5 Ohne Titel
Bleistift- u. Kreidezeichnung; 40 x 32 cm; li. unten sign.
M. Th. Rave, re, unten dat.: März 62
Privatbesitz München

62/6 (Geschnittener Apfel und Gefäße)
Aquarell auf Papier; 36,4 x 44,2 cm,
P. A. 29,3 x 39,3 cm; verso auf Passepartout sign.
u. dat.: M. Th. Ra...12. April 62
Privatbesitz Berlin
Gemalt am 60. Geburtstag der Künstlerin

63/1 Raumfüllende Komposition mit kleinen Schatteneffekten
Collage aus Aquarell- od. Gouache/Tempera-
Ausschnitten auf Karton aufgezogen; 25,6 x 37,3 cm;
unsign., verso dat.: 26. Aug. 63
Privatbesitz Berlin

63/2 Komposition an Segelboote erinnernd
Abb. S. 20
Gouache/Tempera; 36 x 48 cm, P. A. 34 x 42,5 cm;
re. unten sign., verso dat.: 28. Aug. 63
Privatbesitz Berlin

63/3

63/3 Zarte Komposition in Blau und Grau
Gouache/Tempera lavierend; 36 x 48 cm,
P. A. 33,5 x 41 cm; re. unten sign. u. dat., verso Dez. 63
Privatbesitz Berlin

63/4 Roter Baum
Gouache/Tempera, Bleistift und Collage; 48 x 36 cm,
P. A. 46,6 x 35 cm;
re. unten sign. u. dat. M. TH. Rave, verso Sept 63
Privatbesitz Berlin
Beitrag für „Terre des Hommes" (Schwarz-Weiß-Postkarte)

63/5 (Gefäße)
Bleistift auf Papier; 31,6 x 41,8 cm; re. unten sign.:
M. Th. R.
Privatbesitz Berlin
Skizzenblatt, vermutlich im Zusammenhang mit den „Dahlemer Dienstagsmalern"

63/6 (Krüge)
Bleistift u. Aquarell auf Papier; 31 x 44,2 cm; re. unten dat.: 10. Mai 63
Privatbesitz Berlin
Vermutlich im Zusammenhang mit den „Dahlemer Dienstagsmalern" entstanden

63/7 (Vasen und zylindrische Körper in Blau)
Aquarell auf Papier, rechts eine Fläche abgeklebt;
36 x 48 cm; re. unten sign. u. dat.: M. Th. Rave
16. Mai 63
Privatbesitz Berlin
Das Bild enstand am ersten Todestag von Paul Ortwin Rave, vermutlich im Zusammenhang mit den „Dahlemer Dienstagsmalern"

63/8 (Vasen in zarten Tönen)
Mischtechnik (Collage u. Bleistift) auf Papier;
31 x 44,2 cm; re. unten dat.: 20. Mai 63
Privatbesitz Berlin
Vermutlich im Zusammenhang mit den „Dahlemer Dienstagsmalern" entstanden

63/9 (Vasen und zylindrische Körper in Blau, Grün und Rot)
Aquarell auf Papier; 30,8 x 44 cm, P. A. 21 x 32 cm,
verso Bleistift-Skizze einer Vase; re. unten auf dem Passepartout dat.: 22. Mai 63
Privatbesitz Berlin
Vermutlich im Zusammenhang mit den „Dahlemer Dienstagsmalern" entstanden

63/10 (Gefäße und Flächen in zarten Schattierungen)
Bleistift auf Papier, 26,9 x 21 cm, auf Karton aufgezogen; re. unten sign. u. dat.: M. Th. Rave Juni 63
Privatbesitz Berlin
Vermutlich im Zusammenhang mit den „Dahlemer Dienstagsmalern" entstanden

63/11 (Gefäße in Grau- und Rottönen)
Aquarell; 42,8 x 52,5 cm; re. unten sign. u. dat.:
M. Th. Rave 14. Mai 63
Privatbesitz Berlin

64/1 Raumkomposition in Blau und Braun
Abb. S. 46
Gouache/Tempera auf Leinwand; 60 x 80 cm; re. unten u. verso sign. u. dat.: M. Th. Rave, 5. März 64
Ausstellungen: 1974 Galerie Bassenge, Berlin (64-1)
Privatbesitz Berlin

64/2 „Musikstück Nr. I", Flächen auf ockerfarbenem Grund Abb. S. 45
Gouache/Tempera auf Leinwand; 45 x 60 cm;
verso sign.: M. Th. Rave, 22. Jan. 1964
Privatbesitz Berlin

64/3 Flächen auf blauem Grund Abb. S. 44
Gouache/Tempera auf Leinwand; 50 x 60 cm;
verso sign. u. dat.: M.TH. Rave Jan 64
Privatbesitz Berlin

64/4

64/4 Rote Blöcke, schwarzblau umrandet
Gouache/Tempera auf Leinwand; 60 x 80 cm; schwarze Holzleiste, verso sign. u. dat.: 22. Febr.64
Privatbesitz Berlin
Hintergrund später gesetzt (nicht gewollte Flächen damit abgedeckt)

64/5 „Häusergruppe"
Mischtechnik (Gouache/Tempera lavierend und Bleistift); 43,4 x 61,4 cm, P. A. 38,6 x 53 cm; verso sign. u. dat.: M. Th. Rave 1964
Privatbesitz Berlin

64/6 Ohne Titel
Gouache/Tempera; P. A. 18,7 x 24 cm; re. unten sign. u. dat.: M. Th. Rave 64
Privatbesitz Berlin

65/1 „Pflug" Abb. S. 51
Collage, Aquarell u. Gouache/Tempera über Bleistift auf Papier; 31,4 x 41,3 cm, P. A. 28,6 x 38,2 cm; re. unten sign. u. dat.: M. Th. Rave Febr. 1965
Ausstellungen: 1974 Galerie Bassenge, Berlin (65-1)
Seit 1978 Eigentum der Berlinischen Galerie, Graphische Sammlung, Berlin (BG-G 1385/78)

65/2 „Papiertier" Abb. S. 21
Aquarell u. Gouache/Tempera über Bleistift auf Papier; 29,8 x 39,8 cm, P. A. 25 cm x 37 cm; re. unten u. verso sign. u. dat.: M. Th. Rave Febr. 65
Ausstellungen: 1974 Galerie Bassenge, Berlin (65-2, dort Plaka auf Papier)
Seit 1978 Eigentum der Berlinischen Galerie, Graphische Sammlung, Berlin (BG-G 1384/78)

65/3 Ohne Titel
Gouache/Tempera auf Papier, Maße nicht bekannt, [1965]
Ausstellungen: 1974 Galerie Bassenge, Berlin (65-3)
Verbleib unbekannt
Vermutlich 1965 der „Kampagne für Abrüstung" gestiftet

65/4 Ohne Titel
Gouache/Tempera auf Papier, Maße nicht bekannt, [1965]
Ausstellungen: 1974 Galerie Bassenge, Berlin (65-4)
Verbleib unbekannt
Vermutlich 1965 der „Kampagne für Abrüstung" gestiftet

65/5 „Schräges rotes Rechteck" Abb. S. 42
Gouache/Tempera; P. A. 36 x 53,5 cm; unsign. u. undat., [1965]
Ausstellungen: 1974 Galerie Bassenge, Berlin (65-5)
Privatbesitz Berlin

65/6 Raum mit pompejanisch roten Flächen Abb. S. 47
Gouache/Tempera auf Leinwand; 80 x 100 cm; verso sign. u. dat.: M. Th. Rave 1965
Ausstellungen: 1975 Praxis Dr. Köppen, Berlin; 1983 Off Galerie, Berlin (Titelbild I, Einladungskarte)
Privatbesitz Berlin

65/7 Ohne Titel Abb. S. 50
Mischtechnik (Gouache/Tempera, aufgeklebte Papiere, Bleistift); P. A. 32 x 48,1 cm; re. unten sign. u. dat.: M. Th. Rave 1965
Privatbesitz Berlin

65/8 Gewebtes
Mischtechnik (Blei, Tusche u. Wasserfarben) auf Papier; P. A. 14,4 x 20,2 cm; re. unten u. verso sign. u. dat.: M. Th. Rave März 65
Privatbesitz Berlin

65/9 „Vorraum mit Ornament"
Gouache/Tempera; 39 x 54,2 cm, P. A. 29,3 x 42,8 cm; unsign., verso dat.: 1965
Privatbesitz Berlin

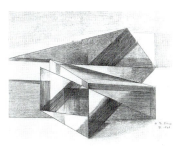

66/1

66/1 Ohne Titel
Bleistift; 21 x 27,8 cm; P. A. 19,2 x 24,1 cm; re. unten sign. u. dat.: M. Th. Rave IV. 1966
Ausstellungen: 1974 Galerie Bassenge, Berlin (66-1); 1975 Praxis Dr. Köppen, Berlin (Abb. auf der Einladungskarte)
Seit 1978 Eigentum der Berlinischen Galerie, Graphische Sammlung, Berlin (BG-G 1387/78-1/3)

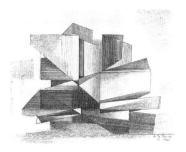

66/2 Ohne Titel
Bleistift; 21 x 27,8 cm; P. A. 19,2 x 24,1 cm; re. unten sign. u. dat.: M. Th. Rave IV. 1966
Ausstellungen: 1974 Galerie Bassenge, Berlin (66-2); 1975 Praxis Dr. Köppen, Berlin
Seit 1978 Eigentum der Berlinischen Galerie, Graphische Sammlung, Berlin (BG-G 138778-3/3)

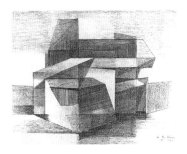

66/3 Ohne Titel
Bleistift; 21 x 27,8 cm; P. A. 19,2, x 24,1 cm; re. unten sign. u. dat.: M. Th. Rave IV. 1966
Ausstellungen: 1974 Galerie Bassenge, Berlin (66-3); 1975 Praxis Dr. Köppen, Berlin
Seit 1978 Eigentum der Berlinischen Galerie, Graphische Sammlung, Berlin (BG-G 1387/78-2/3)

66/4 „Wie geklappte Wände"
Gouache/Tempera; 42,5 x 61,4 cm, P. A. 36 x 55 cm, verso sign. u. dat.: M. Th. Rave August 66
Ausstellungen: 1974 Galerie Bassenge, Berlin (66-4)
Privatbesitz Berlin

66/5 „Küchenbild"
Gouache/Tempera; 63,3 x 46,3 cm, P. A. 57 x 41,6 cm; re. unten sign.: M. Th. Rave
Ausstellungen: 1974 Galerie Bassenge, Berlin (66-5)
Privatbesitz Berlin

66/6 Komposition mit Kreisen in Rot und Gelb
Gouache/Tempera; 44,6 x 61,2 cm, P. A. 36 x 52,5 cm; re. unten u. verso sign. u. dat.: M. Th. Rave, 29. August 1966
Ausstellungen: 1974 Galerie Bassenge, Berlin (66-6)
Privatbesitz Berlin

66/7 „Das schwarze V" Abb. S. 22
Gouache/Tempera; 44,3 x 60,7 cm, P. A. 38,7 x 55 cm; re. unten u. verso sign. u. dat.: M. Th. Rave 28. Juni 1966
Ausstellungen: 1974 Galerie Bassenge, Berlin (66-7)
Privatbesitz Berlin

66/8 Komposition mit bunten Kreisen
Abb. S. 23
Gouache/Tempera; 44,5 x 62,7 cm, P. A. 38,3 x 55 cm; verso sign. u. dat.: M. Th. Rave Juni 1966
Privatbesitz Berlin

66/9 Verspielte Komposition
Gouache/Tempera; 44,8 x 55,3 cm, P. A. 30,5 x 46 cm; verso sign. u. dat.: 30. August 66
Privatbesitz Berlin

66/10 Komposition mit großen Kreisen
Gouache/Tempera; 61,6 x 44 cm, P. A. 57 x 39,4 cm; verso sign. u. dat.: M. Th. Rave 1966
Privatbesitz Berlin

66/11 Ohne Titel
Mischtechnik (Collage, Wasserfarben und Bleistift) auf Papier; 22 x 31 cm, P. A. 18,9 x 26,4 cm; re. unten auf dem Passepartout sign. u. dat.: M. Th. R. 1966
Privatbesitz Berlin

67/1 „Loblied aufs Karo"
Gouache/Tempera; 40,8 x 45,5 cm, P. A.
33,2 x 36,5 cm; verso sign. u. dat.: M. Th. Rave 1967
Ausstellungen: 1974 Galerie Bassenge, Berlin (67-1);
1983 Off Galerie, Berlin
Privatbesitz Berlin

67/2 Komposition mit schräg stehenden Rechtecken und Trapezen Abb. S. 22
Gouache/Tempera; 38,4 x 45,5 cm, P. A. 34 x 38,5 cm;
verso sign. u. dat.: M. Th. Rave 1967
Ausstellungen: 1974 Galerie Bassenge, Berlin (67-2)
Privatbesitz Berlin

67/3 „Das rote V"
Gouache/Tempera; P. A. 38 x 49,2 cm; re. unten sign.:
M. Th. Rave 68, verso 1967
Ausstellungen: 1974 Galerie Bassenge, Berlin (67-3);
1983 Off Galerie, Berlin
Privatbesitz Berlin

67/4 Komposition in Rot und Grün II Abb. S. 24
Gouache/Tempera; 43,3 x 55,8 cm, P. A. 38 x 51,2 cm;
re. unten sign. u. dat.: 67
Ausstellungen: 1974 Galerie Bassenge, Berlin
Privatbesitz Berlin

67/5 Komposition in Rot und Grün III
Gouache/Tempera; 45 x 57,7 cm, P. A. 38,8 x 50,2 cm;
verso sign. u. dat.: 25. Sept. 68
Ausstellungen: 1974 Galerie Bassenge, Berlin (67-5);
1983 Off Galerie, Berlin
Verbleib unbekannt

67/6 „Gebrochene Scheibe"
Gouache/Tempera, Aquarell u. Bleistift auf Papier;
40,5 x 56,5 cm; P. A. 36 x 48 cm; re. unten u. verso
sign. u. dat.: M. Th. Rave 1967
Ausstellungen: 1974 Galerie Bassenge, Berlin (67-6)
Seit 1978 Eigentum der Berlinischen Galerie,
Graphische Sammlung, Berlin (BG-G 1382/78)

67/7 Pastellfarbene Flächen vor hellblauem Hintergrund Abb. S. 49
Gouache/Tempera auf Leinwand; 60 x 80 cm;
verso sign. u. dat.: M. Th. Rave, März 64/67
Ausstellungen: 1974 Galerie Bassenge, Berlin (64/67-7);
1983 Off Galerie, Berlin
Privatbesitz Berlin
1967 nur unwesentlich verändert

67/8 Komposition in Rot und Grün I Abb. S. 24
Gouache/Tempera; 45 x 60 cm, P. A. 36,2 x 50 cm;
re. unten u. verso sign. u. dat.: M. Th. Rave Januar 1967
Privatbesitz Berlin

67/9 (siehe 84/13) „Problembild"
Gouache/Tempera; 44 x 59 cm, P. A. 38 x 51,5 cm;
verso sign. u. dat.: 1967
Privatbesitz Berlin
Das stark beschädigte Bild wurde in den 1980er Jahren überarbeitet und dabei umgedreht.

67/10 „Schwarzes V nach links"
Gouache/Tempera; 44,2 x 58,8 cm, P. A. 37,2 x 50,7 cm;
re. unten u. verso sign. u. dat.: M. Th. Rave Februar 67
Privatbesitz Berlin

67/11 Ohne Titel
Gouache/Tempera; 38,2 x 52 cm; verso sign. u. dat.:
M. Th. Rave 1967
Privatbesitz Berlin

67/12 Ohne Titel
Gouache/Tempera; 35 x 52 cm; dat.: 1967
Privatbesitz Köln

67/13 Ohne Titel
Gouache/Tempera; 32 x 43 cm, P. A. 25,7 x 36,2;
verso sign. u. dat.: M. Th. Rave 1967
Privatbesitz Berlin

68/1 Komposition auf schwarzem Hintergrund
Gouache/Tempera, Lack, 41,3 x 55,8 cm,
P. A. 35,7 x 49 cm; re. unten u. verso sign. u. dat.:
M. Th. Rave 31. Dez. 1968
Ausstellungen: 1974 Galerie Bassenge, Berlin (68-1);
1983 Off Galerie, Berlin
Privatbesitz Berlin

68/2 „Wie ein Bühnenbild" Abb. S. 25
Gouache/Tempera; 37 x 50,6 cm, P. A. 29 x 44 cm;
verso sign. u. dat.: M. Th. Rave August 1968
Ausstellungen: 1974 Galerie Bassenge, Berlin (68-2)
Privatbesitz Berlin
Das Bild gehört zur „Innenraumserie"

68/3 „Hammer und Scheibe"
Gouache/Tempera, Aquarell u. Bleistift auf Papier;
36,5 x 50 cm, P. A. 29 x 42,3 cm; re unten sign.
u. dat.: M. Th. Rave Aug 68
Ausstellungen: 1974 Galerie Bassenge (68-3)
Seit 1978 Eigentum der Berlinischen Galerie,
Graphische Sammlung, Berlin (BG-G 1381/78)
*Artikel zur Ausstellung von Philip Peter Schmidt am
04.02.74 in „Die Welt"*

68/4 „Wie eine Dekoration"
Gouache/Tempera; 34 x 54,6 cm, P. A. 29,7 x 46 cm;
re. unten u. verso sign. u. dat.: M. Th. Rave 1968, verso
auch auf dem Kopf M. Th. Rave 17. Aug. 68
Ausstellungen: 1974 Galerie Bassenge, Berlin (68-4);
1983 Off Galerie, Berlin
Privatbesitz Berlin

68/5 Ohne Titel Abb. S. 25
Gouache/Tempera; P. A. 39 x 50 cm; re. unten sign.
u. dat.: M. Th. Rave 1968
Ausstellungen: 1974 Galerie Bassenge, Berlin (?) (68-5)
Privatbesitz Berlin

68/6 „Mit schwarz-weißen Streifen"
Gouache/Tempera; 39,2 x 55,8 cm, P. A. 31,6 x 45 cm;
verso sign. u. dat.: M. Th. Rave 13. Juli 1968
Ausstellungen: 1974 Galerie Bassenge, Berlin (68-6,
nach dem Galerie-Aufkleber auch auf Kopf möglich)

69/1 Ohne Titel
Gouache/Tempera auf Papier, Maße u. Datierung
unbekannt
Ausstellungen: 1974 Galerie Bassenge, Berlin (69-1)
Verbleib unbekannt

69/2 Komposition mit horizontalen Flächen
Abb. S. 24
Gouache/Tempera, Aquarell über Bleistift auf Papier;
41 x 60,9 cm, P. A. 37,2 x 50 cm; re. unten u. verso
sign. u. dat.: M. Th. Rave 13. Februar 1969
Ausstellungen: 1974 Galerie Bassenge, Berlin (69-2)
Seit 1978 Eigentum der Berlinischen Galerie,
Graphische Sammlung, Berlin (BG-G 1380/78)

69/3 „Die Uhr" Abb. S. 24
Gouache/Tempera, 33,8 x 47,6 cm
Ausstellungen: 1974 Galerie Bassenge, Berlin
(69-3, farbige Abbildung der Einladungskarte)
Privatbesitz Berlin

69/4 Ohne Titel
Gouache/Tempera auf Papier, Maße unbekannt, [1969]
Ausstellungen: 1974 Galerie Bassenge, Berlin (69-4)
Verbleib unbekannt

69/5 „Schwebendes Halbrund"
Gouache/Tempera, Aquarell u. Bleistift auf Papier;
41 x 60,9 cm, P. A. 32,5 x 54,6 cm; re. unten u. verso
sign. u. dat.: M. Th. Rave 12. Okt. 1969
Ausstellungen: 1974 Galerie Bassenge, Berlin (69-5)
Seit 1978 Eigentum der Berlinischen Galerie,
Graphische Sammlung, Berlin (BG-G 1379/78)

69/6 „Kugel und Blöcke auf Grün"
Gouache/Tempera; 35 x 55,2 cm, P. A. 31,5 x 50 cm;
re. unten sign. u. dat.: M. Th. Rave Aug.1969
Ausstellungen: 1974 Galerie Bassenge, Berlin
(fälschlich 68-5); 1983 Off Galerie, Berlin
Privatbesitz Berlin

69/7 „Kreise wie auf einem Podium"
Gouache/Tempera; 40,5 x 58,7 cm, P. A. 30,2 x 50 cm;
verso sign. u. dat.: 20. Jan.1969
Verbleib unbekannt

Siebziger Jahre

Undatierte Werke

VII/1 Ohne Titel Abb. S. 33
Gouache/Tempera; 22,2 x 22,8 cm; unsign. u. undat.
Privatbesitz Berlin

VII/2 Ohne Titel
Gouache/Tempera; 14 x 10 cm; unsign. u. undat.
Privatbesitz Münster

VII/3 Ohne Titel
Gouache/Tempera; 33,5 x 47,5 cm; unsign. u. undat.
Privatbesitz Münster
Entstand vermutlich in den 70er Jahren

VII/4 Ohne Titel
Gouache/Tempera
Ausstellungen: 1983 Off Galerie, Berlin (Nr.12)
Verbleib unbekannt
Entstand vermutlich um 1979

1970–79

70/1 a „Flugkörper steigend" Abb. S. 52
Gouache/Tempera auf Leinwand; 60 x 70 cm;
verso sign. u. dat.: M. Th. Rave 1970
Ausstellungen: 1974 Galerie Bassenge, Berlin (70-1a)
Privatbesitz Berlin
Linker Teil eines Doppelbildes

70/1 b „Flugkörper sinkend" Abb. S. 53
Gouache/Tempera auf Leinwand; 60 x 70 cm;
verso sign. u. dat.: M. Th. Rave 1970
Ausstellungen: 1974 Galerie Bassenge, Berlin (70-1b)
Privatbesitz Berlin
Rechter Teil eines Doppelbildes

71/1 Ohne Titel Abb. S. 48
Gouache/Tempera auf Leinwand; 60 x 79,8 cm;
verso sign. u. dat.: 18. Aug. 61/71
Ausstellungen: 1974 Galerie Bassenge, Berlin (61/71-1), 1983 Off Galerie, Berlin
Privatbesitz Berlin

71/2

71/2 Bunte Scheiben auf Rechtecken vor blauem Hintergrund
Gouache/Tempera auf Leinwand; 53 x 71,5 cm;
verso sign. u. dat.: M. Th. Rave 1971
Ausstellungen: 1974 Galerie Bassenge, Berlin (71-2); 1983 Off Galerie, Berlin
Privatbesitz Berlin

72/1 „Rotes Schiffchen" Abb. S. 43
Gouache/Tempera auf Leinwand; 55 x 65 cm;
verso sign. u. dat.: M. Th. Rave 27. MAI 1972
Ausstellungen: 1974 Galerie Bassenge, Berlin (72-1)
Privatbesitz Berlin

72/2 Ohne Titel
15 Filzstiftzeichnungen auf Papier; Kleinstformate
Ausstellungen: 1974 Galerie Bassenge, Berlin (72-2)
Verbleib unbekannt

72/3 Zwei Scheiben auf Rechteck vor ockerfarbenem Hintergrund
Gouache/Tempera auf Leinwand; 60 x 80 cm;
verso sign. u. dat.: 4. Juni 1972 M. Th. Rave
Ausstellungen: 1975 Praxis Dr. Köppen, Berlin; 1983 Off Galerie, Berlin
Privatbesitz Berlin

72/4 „Kugel vor zwei Kästen"
Gouache/Tempera auf Leinwand; 71 x 95 cm; verso auf Kopf sign. u. dat.: M. Th. Rave, 7. Oktober 1972 (über September 61)
Ausstellungen: 1975 Praxis Dr. Köppen, Berlin
Privatbesitz Berlin

72/5 Schwebende Flächen auf Kaltblau
Gouache/Tempera auf Karton; 45 x 44 cm; verso sign. u. dat.: 16. Aug. 61
Verbleib unbekannt
Übermalung eines Bildes von 1961

72/6 Raumillusion aus trapezförmigen Flächen
Gouache/Tempera auf Leinwand; 60 x 80,5 cm; verso sign. u. dat. (zweiach auf Kopf übereinander): M. Th. Rave März 1964, 26. Mai 72
Ausstellungen: 1983 Off Galerie, Berlin
Privatbesitz Berlin
Winter 82/83 wesentlich verändert („zuende gemalt")

73/1 Stilleben: Pflastersteine und zylindrischer Körper vor spiegelnder Fläche
Gouache/Tempera auf Papier; 49 x 65 cm; Rahmen-Ausschnitt 47 x 63,5 cm
Privatbesitz Berlin
Vermutlich verso signiert; aus der Serie „Stilleben im kleinen Atelier in Nikolassee"

73/2 Phantastisches Stilleben: Atelier-Utensilien in der Landschaft
Gouache/Tempera auf Papier; 50 x 65 cm; Rahmen-Ausschnitt 47 x 63,5 cm; rechts unten sign. u. dat.: M. Th. Rave 1973
Privatbesitz Berlin
Aus der Serie „Stilleben im kleinen Atelier in Nikolassee"

73/3

73/3 Stilleben auf abstraktem Hintergrund I: Klötzchen und Rollen
Gouache/Tempera auf Papier; 41 x 54,3 cm; re. unten u. verso sign. u. dat.: M. Th. Rave, 6. 8. 73;
Privatbesitz Berlin
Aus der Serie „Stilleben im kleinen Atelier in Nikolassee"

73/4 Stilleben auf abstraktem Hintergrund II: Kleberolle und zwei Gefäße   Abb. S. 26
Gouache/Tempera auf Papier, verso Vorzeichnung für ein anderes Bild; 48,8 x 64,2 cm; re. unten u. verso sign. u. dat.: M. Th. Rave 15. Aug. 73
Privatbesitz Berlin
Aus der Serie „Stilleben im kleinen Atelier in Nikolassee"

74/1 „Schiff und Flugzeug"
Gouache/Tempera; 24 x 33 cm; P. A. 20,3 x 29 cm; li. unten sign. u. dat.: M. Th. Rave 1974
Privatbesitz Berlin

74/2 Ohne Titel
Gouache/Tempera auf Leinwand; 50,7 x 65,2 cm; verso sign. u. dat.: M. Th. Rave Herbst 1956; später überschrieben 1974
Privatbesitz Berlin

74/3 Ohne Titel
Gouache/Tempera; 19,3 x 30,5 cm, auf Karton aufgezogen, P. A. 19 x 30 cm; auf dem Karton sign. u. dat.: M. Th. Rave 1974
Privatbesitz Berlin

74/4 Ohne Titel
Gouache/Tempera; 22,3 x 30,5 cm, auf Karton aufgezogen, P. A. 21,2 x 29,8 cm; re. unten sign. u. dat.: M. Th. Rave 74
Privatbesitz Berlin

74/5 Ohne Titel
Gouache/Tempera; P. A. 30 x 21 cm; re. unten auf
Grundkarton sign. u. dat.: M. Th. Rave 1974
Ausstellungen: 1975 Praxis Dr. Köppen, Berlin
Privatbesitz Berlin

74/6 Ohne Titel
Gouache/Tempera; 21 x29 cm; sign. u. dat.:
M. Th. Rave 1974
Privatbesitz Berlin

75/1 Vertikale Flächen, nach rechts
      tendierend   Abb. S. 41
Gouache/Tempera auf Leinwand; 75 x 100 cm;
verso sign. u. dat.: M. Th. Rave, Jan. 1964/75
Ausstellungen: 1975 Praxis Dr. Köppen, Berlin (?)
Privatbesitz Berlin
Idee: Vergrößerter Ausschnitt aus früherem Bild

75/2 Kristallines vor graugrünem Himmel
Gouache/Tempera auf Karton; 39 x 50 cm; unsign.
Verbleib unbekannt
Übermalung eines früheren Bildes

75/3 „Bunte Blöcke"
Gouache/Tempera auf Leinwand; 60 x 80 cm,
verso sign. u. dat.: M. Th. Rave Februar 1962
Privatbesitz Berlin
1975 und 1982 übermalt

75/4

75/4 Ohne Titel
Gouache/Tempera auf Leinwand; 60 x 80,5 cm;
verso sign. u. dat.: M. Th. Rave Juli 1961
Privatbesitz Berlin
1975 überarbeitet, auch umgedreht möglich, da verso eine Signatur auf dem Kopf steht

76/1 Ohne Titel
Aquarell auf Papier; 22 x 20 cm, auf Karton; re. unten
sign.: M. TH. RAVE, im Bildmotiv dat.: 1976
Privatbesitz Münster
Vermutlich eine Glückwunschkarte

77/1 „Vorübung für 1977" (*Rechtwinkliges)
Gouache/Tempera; 33 x 48,5, P. A. 29,7 x 42,7 cm;
verso auf Kopf sign. u. dat.: 11. Jan.1977
Ausstellungen: 1978 Architekturbüro Rave, Berlin (1)
Privatbesitz Berlin

77/2 „Ins Dunkel entschwebend"
      (*Braun und Blau, Kreis)
Gouache/Tempera; 31,6 x 48 cm, P. A. 27 x 33 cm;
rechts unten u. verso datiert: 1977 17. Jan.
Ausstellungen: 1978 Architekturbüro Rave, Berlin
(2);1983 Off Galerie, Berlin
Verbleib unbekannt

77/3 „Die goldene Kugel" (*Goldene Kugel)
Gouache/Tempera, Aquarell und Bleistift auf Karton;
33,2 x 48,5 cm, P. A. 27,6 x 42,4 cm; re. unten u. verso
sign. u. dat.: M. Th. Rave 23. Jan 1977
Ausstellungen: 1978 Architekturbüro Rave, Berlin (3)
Seit 1978 Eigentum der Berlinischen Galerie,
Graphische Sammlung, Berlin (BG-G 1378/78)

77/4 „Julia und die Geister" (*Fellini-Traum)
Gouache/Tempera; 33 x 48,5 cm, P. A. 28,8 x 44 cm;
re. unten u. verso sign. u. dat.: M. Th. Rave 1977 30.
Jan.
Ausstellungen: 1978 Architekturbüro Rave, Berlin (4)
Privatbesitz Berlin

77/5 „Schwebend zwischen Grün und Blau"
(*Kreis und Pfeil) Abb. S. 28
Gouache/Tempera; 35,2 x 50 cm, P. A. 28 x 47 cm;
re. unten (zweiseitig) sign. sowie verso sign. u. dat.:
1977 4. Feb.
Ausstellungen: 1978 Architekturbüro Rave, Berlin; 1983
Off Galerie, Berlin, Berlin
Privatbesitz Berlin
Am 02.01.83 wurde die Signatur der Rückseite im Hinblick auf die Position (grün unten, blau oben) für gültig erklärt

77/6 Komposition mit Kreisen, Gelb auf
Blau, freier Hintergrund (*Tanzendes
Objekt) Abb. S. 54
Mischtechnik; P. A. 28 x 45 cm; verso sign. u. dat.:
M. Th. Rave, 9. Febr.
Ausstellungen: 1978 Architekturbüro Rave, Berlin
Privatbesitz Berlin

77/7 (*Kleines Bild/Lebhafte Farben)
Gouache/Tempera; 23 x 41,2 cm; re. unten sign.
u. dat.: M. Th. Rave 1977; verso Aufkleber 20. Feb.
(7.II. lt. Zettel)
Ausstellungen: 1978 Architekturburo Rave, Berlin (7)
Privatbesitz Berlin

77/8 (*Flugobjekt ?)
(entstanden 21. II. lt. Zettel)
Ausstellungen: 1978 Architekturbüro Rave, Berlin (8)
Verbleib unbekannt.

77/9 Komposition mit bunten, gr. und kl.
Kreisen (*Weiße Signale auf Blau?)
Abb. S. 28
Gouache/Tempera auf Papier; 34,8 x 50 cm,
P. A. 28,5 x 43 cm; verso sign. u. dat.: M. Th. Rave,
1977 26.Febr. (o. Datum lt. Zettel);
Ausstellungen: 1978 Architekturbüro Rave, Berlin (9)
Privatbesitz Berlin

77/10 „Märzgezwitscher" (*Objekt am
Boden) Abb. S. 55
Gouache/Tempera; 32,8 x 44,5 cm, P. A. 25,5 x 40 cm;
re. unten u. verso sign. u. dat.: M. Th. Rave 8. März 77
Ausstellungen: 1978 Architekturbüro Rave, Berlin (Nr. ?)
Privatbesitz Berlin

77/11 „Fanfaren" (*Fanfaren) Abb. S. 57
Gouache/Tempera, Aquarell und Bleistift auf Karton;
32 x 48 cm; P. A. 30 x 43,4,cm; re. unten u. verso sign.
u. dat.: M. Th. Rave 23. März 1977
Ausstellungen: 1978 Architekturbüro Rave, Berlin (11)
Seit 1978 Eigentum der Berlinischen Galerie,
Graphische Sammlung, Belin (BG-G 1377/78)

77/12 (*Lustiges Ballspiel?)
(o. Datum lt. Zettel)
Ausstellungen: 1978 Architekturbüro Rave, Berlin (12)
Verbleib unbekannt

77/13 „Voluten" (*Voluten)
Gouache/Tempera; 23,6 x 38,4 cm; re. unten sign.
u. dat.: M. Th. Rave 1974, verso sign. u. dat.:
18. März 77 (23. III. lt. Zettel)
Ausstellungen: 1978 Architekturbüro Rave, Berlin (13);
1983 Off Galerie, Berlin
Privatbesitz Schadeberg

77/14 „Verglühend" (*Zerstörtes Objekt)
Gouache/Tempera; 33 x 48 cm, P. A. 27 x 44 cm;
re. unten u. verso sign. u. dat.: M. Th. Rave
3. April 1977
Ausstellungen: 1978 Architekturbüro Rave, Berlin (14)
Privatbesitz Berlin

77/15 „Gebrochens Herz" (*Innenraum)
Gouache/Tempera; 50 x 34,5 cm, P. A. 40,5 x 30 cm;
verso sign. u. dat.: M. Th. Rave 9. April 77
Ausstellungen: 1978 Architekturbüro Rave, Berlin (15)
Privatbesitz Berlin

77/16 „Ostern 1977" (*Osterbild)
Gouache/Tempera; 50 x 35,2 cm, P. A. 37 x 28 cm;
re. unten u. verso sign. u. dat.: M. Th. Rave Ostern
1977 (10. IV. lt. Zettel)
Ausstellungen: 1978 Architekturbüro Rave, Berlin (16)
Privatbesitz Berlin

77/17 „Hochplateau" (*Mexikanisches Plateau)
Aquarell u. Gouache/Tempera über Bleistift auf Papier,
32 x 48 cm, P. A. 28 x 40,2; re. unten sign. u. dat.:
M. Th. Rave Juli 1977 cm
Ausstellungen: 1978 Architekturbüro Rave, Berlin (17);
1981 „Konkret- konstruktive Kunst", Berlinische
Galerie, Berlin
Seit 1978 Eigentum der Berlinischen Galerie,
Graphische Sammlung, Berlin (BG-G 1376/78)

77/18 „Münster" (*Münster)   Abb. S. 29
Gouache/Tempera; 39 x 53,8 cm, P. A. 30 x 42 cm;
re. unten u. verso sign. u. dat.: M. Th. Rave 1977 Juli
(23. VIII. lt.Zettel)
Ausstellungen: 1978 Architekturbüro Rave, Berlin (18)
Privatbesitz Berlin

77/19 „Eisberge" (*Weiße Segel am Horizont)
   Abb. S. 29
Gouache/Tempera auf Papier; P. A. 36,5 x 52,8 cm;
re. unten u. verso sign. u. dat.: M. Th. Rave 26. Juli
1977 (26. VIII. lt. Zettel)
Ausstellungen: 1978 Architekturbüro Rave, Berlin (19)
Privatbesitz Berlin

**77/20 „Sonnenregenstimmung"
   (*Regenbogenfarbig)**   Abb. S. 30
Gouache/Tempera; 42,7 x 60 cm, P. A. 32 x 52 cm;
re. unten u. verso sign. u. dat.: M. Th. Rave 3. Aug.1977
Ausstellungen: 1978 Architekturbüro Rave, Berlin (20);
1983 Off Galerie, Berlin
Privatbesitz Berlin

77/21

77/21 „Grüne Kuppeln" (*Kegelförmiges)
Gouache/Tempera u. Bleistift auf Karton; 44 x 62 cm,
P. A. 36 x 53,8 cm; re. unten u. verso sign. u. dat.:
M. Th. Rave 10. Aug. 1977 (entstanden 7. VIII. lt. Zettel)
Ausstellungen: 1978 Architekturbüro Rave, Berlin (Nr.?)
Seit 1978 Eigentum der Berlinischen Galerie, Graphische Sammlung, Berlin (BG-G 1374/78)

77/22 „Kugel am Küstenstreifen" (*Kreis und Quadrat in der Kugel)
Aquarell u. Gouache/Tempera über Bleistift auf Karton;
45 x 59 cm, P. A. 35,5 x 51,5 cm; Mitte unten u. verso
sign. u. dat.: M. Th. Rave 10. Aug. 1977 (entstanden
10. VIII. lt. Zettel)
Ausstellungen: 1978 Architekturbüro Rave, Berlin (Nr.?);
1981 „Berlin konstruktiv. Längsschnitte 2" und
„Konkret-konstruktive Kunst", Berlinische Galerie,
Berlin
Seit 1978 Eigentum der Berlinischen Galerie,
Graphische Sammlung, Berlin (BG-G 1375/78)

78/1 „Drei Kreise nach rechts entschwebend"
Gouache/Tempera; 34,5 x 50 cm, P. A. 31 x 46 cm;
re. unten u. verso sign.u. dat.: 9. Aug.1978
Ausstellungen: 1983 Off Galerie, Berlin
Verbleib unbekannt

78/2 „Komposition mit unterschiedlichen Formen vor blassem Himmel"
Gouache/Tempera und Bleistift; 26 x 37 cm,
P. A. 23 x 34,5 cm; verso sign. u. dat
Ausstellungen: 1983 Off Galerie, Berlin
Verbleib unbekannt

78/3 „Steil aufstrebend blau"   Abb. S. 56
Gouache/Tempera; 34,7 x 50 cm, P. A. 32 x 44 cm;
re. unten u. verso (auf Kopf) sign. u. dat.: M. Th. Rave
Juli 1978
Ausstellungen: Ausst. 1983 Off Galerie
Privatbesitz Berlin

78/4 „Mondbarke"
Gouache/Tempera; 34,8 x 50 cm, P. A. 30 x 45 cm;
re. unten sign. u. dat.: M. Th. Rave Febr. 78, verso
1. März 1978
Ausstellungen: 1983 Off Galerie, Berlin
Privatbesitz Berlin

78/5 „Röhrenembargo"
Gouache/Tempera; 34,5 x 50 cm, P. A. 31 x 47 cm;
re. unten u. verso sign. u. dat.: M. Th. Rave 12. Aug.
1978
Ausstellungen: 1983 Off Galerie, Berlin
Privatbesitz Berlin

78/6 „Schwere Kugel schwebend"
Gouache/Tempera; 35 x 50 cm, P. A. 32,7 x 47 cm;
re. unten u. verso sign. u. dat.: M. Th. Rave 20. Febr.
1978
Ausstellungen: 1983 Off Galerie, Berlin
Privatbesitz Berlin

78/7 „Seltsames Ackergerät"
Gouache/Tempera; 32,7 x 47,7 cm, P. A. 30 x 44 cm;
re. unten u. verso sign. u. dat.: M. Th. Rave 6. Mai 1978
Privatbesitz Berlin

78/8 (Mondbild I)
Gouache/Tempera; 32,5 x 46 cm; re. unten u. verso
sign. u. dat.: M. Th. Rave Juli 1978
Privatbesitz Berlin

78/9 (Mondbild II)
Gouache/Tempera; 32 x 46 cm; re. unten sign. u. dat.:
M. Th. Rave 1978
Privatbesitz Berlin

78/10 (Mondbild III) Abb. S. 31
Gouache/Tempera; 32 x 45 cm; re. unten sign. u. dat.:
M. Th. Rave 1978
Privatbesitz Berlin

78/11 Ohne Titel
Gouache/Tempera; P. A. 41,4 x 59,6 cm; verso sign.
u. dat.: M. Th. Rave 11. März 1978
Privatbesitz Berlin

78/12

78/12 Verwehtes Zelt
Gouache/Tempera; 35 x 50 cm, P. A. 32 x 45,8 cm;
verso sign. u. dat.: M. Th. Rave 30. Aug. 1978
Privatbesitz Berlin

78/13 „Diagonal"
Gouache/Tempera, Aquarell u. Bleistift auf Papier;
35,4 x 50 cm, P. A. 31 x 45,9 cm; re. unten u. verso
sign. u. dat. M. Th. Rave 27. Juni 1978
Ausstellungen: 1978 Architekturbüro Rave, Berlin (Nr.?)
Seit 1978 Eigentum der Berlinischen Galerie,
Graphische Sammlung, Berlin (BG-G 1373/78)

79/1 „Morgenröte"
Gouache/Tempera; 35 x 50 cm, P. A. 28 x 47 cm;
re. unten u. verso sign. u. dat.: 20 Juli 1979
Ausstellungen: 1983 Off Galerie, Berlin
Verbleib unbekannt

79/2 „Am Wasser"
Gouache/Tempera; 35 x 50 cm, P. A. 31 x 45 cm;
re. unten u. verso sign. u. dat.: 3. Juli 1979
Ausstellungen: 1983 Off Galerie, Berlin
Verbleib unbekannt

79/3 (Barke)
Mischtechnik (Plaka u. Bleistift); 30,5 x 46,5 cm,
P. A. 26,2 x 37 cm; re. unten sign. u. dat.:
M. Th. Rave 83, verso April 79
Ausstellungen: 1983 Off Galerie, Berlin
Privatbesitz Berlin

79/4 „Abgesunken grün"   Abb. S. 32
Gouache/Tempera; 34,8 x 50 cm, P. A. 32,8 x 47 cm;
re. unten sign. u. dat.: M. Th. Rave 1979
Ausstellungen: 1983 Off Galerie, Berlin
Privatbesitz Berlin

79/5 „Absinkend blau"   Abb. S. 32
Gouache/Tempera; 35 x 50 cm, P. A. 30,5 x 46,5 cm;
re. unten u. verso sign. u. dat.: M. Th. Rave 16. Febr.
1979
Ausstellungen: 1983 Off Galerie, Berlin
Privatbesitz Berlin

79/6 „Sich abhebend"   Abb. S. 32
Gouache/Tempera; 29 x 39,6 cm, P. A. 23,2 x 34,7 cm;
re. unten u. verso sign. u. dat.: 17. Aug. 1979
Ausstellungen: 1983 Off Galerie, Berlin
Privatbesitz Berlin

79/7 (Mondbild IV)   Abb. S. 59
Gouache/Tempera; 33 x 45,5 cm; sign. u. dat.:
M. Th. Rave 1979
Privatbesitz Berlin

79/8 (Mondbild V)   Abb. S. 58
Gouache/Tempera; 32 x 44 cm; re. unten sign. u. dat.:
M. Th. Rave 1979
Privatbesitz Berlin

79/9 (Mondbild VI)
Gouache/Tempera; 31 x 46,5 cm; sign. u. dat.:
M. Th. Rave 1979
Privatbesitz Berlin

79/10 Ohne Titel
Gouache/Tempera; P. A. 9,8 x 18,5 cm, auf Aufklebern
oben u. unten sign. u. dat.: M. Th. Rave 22.Oktober 79
Privatbesitz Berlin
*Auf einem Aufkleber ist vermerkt „für ‚Henne' H. H. v.
5. Okt. – 5. Nov. von MaRave", auf dem Passepartout
selbst: „muß erneuert werden, ich krieg's nicht mehr
alleine hin"*

Achtziger Jahre

Undatierte Werke

VIII/1 Ohne Titel
Collage auf Karton; 50 x 65 cm; re. unten u. verso
sign.: M. Th. Rave Nr. 13, undatiert
Privatbesitz Berlin

VIII/2 Ohne Titel
Collage m. Bleistift u. Textteilen auf Karton;
34 x 30,5 cm; re. unten sign.: M. Th. Rave, dat.:
10. – 12. 7. 1980 (?)
Privatbesitz Berlin

1980–87

80/1 „An der Küste"
Gouache/Tempera; 46,2 x 64,5 cm, P. A. 39 x 58 cm;
re. unten u. verso sign. u. dat.: 28. Jan. 1980
Ausstellungen: 1983 Off Galerie, Berlin
Privatbesitz Südfrankreich

80/2 „Blauer Flugkörper über Küste"
Gouache/Tempera; 32 x 48,4 cm, P. A. 31 x 46 cm;
re. unten u. verso sign. u. dat.: M. Th. Rave 1980
Ausstellungen: 1983 Off Galerie, Berlin
Privatbesitz Berlin

80/3 „Starker Flugkörper über Küste"
Mischtechnik (Gouache/Tempera mit geklebtem
Papierstreifen); 46 x 64,5 cm, P. A. 41 x 58,8 cm;
re. unten u. verso sign. u. dat.: M. Th. Rave 1. Febr.
1980
Ausstellungen: 1983 Off Galerie, Berlin
Privatbesitz Berlin

80/4 Ohne Titel   Abb. S. 34
Gouache/Tempera mit aufgeklebter Fläche;
P. A. 21,5 x 31 cm; re. unten sign. u. dat.:
M. Th. Rave 80
Privatbesitz Berlin

80/5 Ohne Titel
Gouache/Tempera, P. A. 32,5 x 45,3 cm; re. unten
u. verso (zweiseitig) sign. u. dat.: M. Th. Rave
1978/1980
Privatbesitz Berlin
1980 wahrscheinlich 180° gedreht

80/6 Ohne Titel
Mischtechnik (Gouache/Tempera u. Bleistift) auf Papier;
P. A. 21 x 32 cm; re. unten sign. u. dat.: M. Th. Rave
1980
Privatbesitz Berlin

81/1 Ohne Titel
Bleistift auf Karton; 35 x 50,2 cm; unten sign. u. dat.:
M. Th. Rave 81
Ausstellungen: 1983 Off Galerie, Berlin
Privatbesitz Berlin

81/2 Ohne Titel
Mischtechnik (Aquarell u. Bleistift) auf Karton aufge-
zogen; 10,4 x 14,8 cm; re. unten sign. u. dat.:
M. Th. Rave 80, um 90° gedreht sign. u. dat.: 1981
Privatbesitz Berlin

81/3 Ohne Titel
Mischtechnik (kolorierter SW-Druck einer Einladungs-
karte); re. u. li. unten sign. u. dat.: M. Th. Rave 1981
Privatbesitz Berlin

82/1 Ohne Titel
Bleistift auf Karton; 16,6 x 24,4 cm; re. unten u. verso
sign. u. dat.: 1982
Ausstellungen: 1983 Off Galerie, Berlin
Verbleib unbekannt

82/2 Ohne Titel   Abb. S. 34
Bleistift auf Karton; 18,7 x 24 cm; re. unten u. verso
sign. u. dat.: März 1982
Ausstellungen: 1983 Off Galerie, Berlin
Privatbesitz Berlin

82/3 Ohne Titel
Bleistift auf Karton auf Presspappe; 14,9 x 20,7 cm;
re. unten u. verso sign. u. dat.: März 1982 (über anderer
Zeichnung)
Ausstellungen: 1983 Off Galerie, Berlin (Titelbild III der
Einladung mit Text von Hermann Wiesler)
Privatbesitz Berlin

82/4 Ohne Titel
Bleistift auf Karton; 24,5 x 31 cm; re. unten u. verso
sign. u. dat.: März 1982
Ausstellungen: 1983 Off Galerie, Berlin
Verbleib unbekannt

82/5 Ohne Titel
Bleistift auf Karton; 23,8 x 19 cm; re. unten u. verso
sign. u. dat.: M. Th. Rave März 1982
Ausstellungen: 1983 Off Galerie, Berlin
Privatbesitz Berlin

82/6 Ohne Titel   Abb. S. 34
Bleistift auf Karton auf Presspappe; 16,5 x 24,3 cm;
re. unten u. verso sign. u. dat.: März 82
Ausstellungen: 1983 Off Galerie, Berlin
Privatbesitz Berlin

82/7 Ohne Titel
Bleistift auf Karton; 14,6 x 20,6 cm; re. unten u. verso
sign. u. dat.: April 82
Ausstellungen: 1983 Off Galerie, Berlin
Verbleib unbekannt

82/8 Ohne Titel
Bleistift auf Karton; 25 x 32,4 cm; re. unten u. verso sign. u. dat.: 26. März 82
Ausstellungen: 1983 Off Galerie, Berlin
Verbleib unbekannt

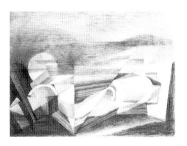

82/9 Ohne Titel
Bleistift auf Papier; P. A. 24 x 32,4 cm; re. unten u. verso sign. u. dat.: M. Th. Rave 1982
Ausstellungen: 1983 Off Galerie, Berlin
Privatbesitz Berlin

82/10 Ohne Titel
Bleistift auf Karton; 29,7 x 21 cm; re. unten u. verso sign. u. dat.: M. Th. Rave 21. Aug.1982
Ausstellungen: 1983 Off Galerie, Berlin
Privatbesitz Berlin

82/11 Ohne Titel
Bleistift auf Papier; 22 x 17,2 cm; re. unten sign. u. dat.: 1982
Ausstellungen: 1983 Off Galerie, Berlin
Verbleib unbekannt

82/12 Ohne Titel
Bleistift auf Papier; 23,8 x 20,7 cm; re. unten u. verso sign. u. dat.: M. Th. Rave 25. Aug. 1982
Ausstellungen: 1983 Off Galerie, Berlin
Privatbesitz Berlin

82/13 Ohne Titel
Bleistift auf Papier; 26,1 x 19,8 cm; re. unten u. verso sign. u. dat.: 25. Aug.1982
Ausstellungen: 1983 Off Galerie, Berlin
Privatbesitz Berlin

82/14 Ohne Titel
Bleistift auf Karton; P. A. 29,2 x 20,8 cm; re. unten u. verso (auf Kopf) sign. u. dat.: M. Th. Rave August 1982
Ausstellungen: 1983 Off Galerie, Berlin
Privatbesitz Berlin

82/15 Bewegung nach rechts, vier kleine Kreisformen im Quadrat
Bleistift auf Papier; 16,5 x 48,5 cm (zwei Teile); re. unten sign. u. dat.: M. Th. Rave 1982
Privatbesitz Berlin

82/16 Ohne Titel
Bleistift auf Karton; P. A. 29,5 x 21 cm; re. unten u. verso sign. u. dat.: M. Th. Rave 10.Sept. 82
Ausstellungen: 1983 Ausst, Off Galerie
Privatbesitz Berlin

82/17 Ohne Titel
Bleistift auf Karton; 29,5 x 20,9 cm; re. unten u. verso sign. u. dat.: 11. Sept. 82
Ausstellungen: 1983 Off Galerie, Berlin
Privatbesitz Berlin

82/18 Ohne Titel
Bleistift auf Papier; 24,1 x 32,3 cm; re. unten sign.
u. dat.: 1982, li. unten 82/14 (?)
Ausstellungen: 1983 Off Galerie, Berlin
Privatbesitz Berlin

82/19 Ohne Titel
Bleistift auf Karton; 21 x 29,6 cm; re. unten u. verso
sign. u. dat.: Sept. 1982
Ausstellungen: 1983 Off Galerie, Berlin (?)
Verbleib unbekannt

82/20 Ohne Titel
Bleistift auf Karton im P. A.; 21 x 29,7 cm; re. unten
u. verso sign. u. dat.: M: Th. Rave September 1982
Ausstellungen: 1983 Off Galerie, Berlin
Privatbesitz Berlin

82/21 Ohne Titel
Bleistift auf Karton im P. A.; 21 x 29,7 cm; re. unten
u. verso sign. u. dat.: M. Th. Rave September 82
Ausstellungen: 1983 Off Galerie, Berlin
Privatbesitz Berlin

82/22 Ohne Titel
Bleistift auf Papier; 24 x 32,3 cm; re. unten u. verso
sign. u. dat.: M. Th. Rave 16. Sept. 82
Ausstellungen: 1983 Off Galerie, Berlin
Privatbesitz Berlin

82/ 23 Ohne Titel
Bleistift auf Karton; 33,7 x 47,3 cm; re. unten u. verso
sign. u. dat.: 20. Sept. 82
Ausstellungen: 1983 Off Galerie, Berlin
Privatbesitz Berlin

82/24 Ohne Titel
Bleistift auf Papier; 32,3 x 24 cm; re. unten u. verso
sign. u. dat.: September 82
Ausstellungen: 1983 Off Galerie, Berlin
Privatbesitz Berlin

82/25 Ohne Titel
Bleistift auf Karton im P. A.; 29,7 x 42 cm; re. unten
u. verso sign. u. dat.: M. Th. Rave 3. Oktober 1982
Ausstellungen: 1983 Off Galerie, Berlin
Privatbesitz Berlin

82/26 Graue Zukunftsvision
Gouache/Tempera auf Leinwand; 80,5 x 60 cm;
verso sign. u. dat.: 25. Nov. 72, 1982
Ausstellungen: 1983 Off Galerie, Berlin
Privatbesitz Berlin

82/27 Ohne Titel
Collage mit Blei- und Filzstift, aufgezogen auf Karton;
22 x 33,1 cm; re. unten u. verso sign. u. dat.: M. Th.
Rave Aug. 82
Privatbesitz Berlin

82/28 „Nach dem Fest"
Collage; 28,4 x 44 cm; re. unten u. verso sign. u. dat.:
M. Th. Rave Nov. 82
Privatbesitz Berlin

82/29

82/29 Ohne Titel
Aquarell auf Papier, aufgezogen auf Karton; 10 x 21 cm; re. unten sign. u. dat.: 1982 M. Th. Rave
Privatbesitz Berlin
Verso ist vermerkt: „Herzlichen Glückwunsch zum Geburtstag 1987, Deine Marave". Der Empfänger ist unbekannt

82/30 Ohne Titel
Bleistift auf Papier; 16,7 x 2 x 24,3 cm, aufgezogen auf hellgrauem Karton 37,6 x 50,2 cm; re. unten sign. u. dat.: linkes Blatt M.Th. R., rechtes Blatt M. Th. Rave 1982
Privatbesitz Berlin

82/31 Ohne Titel
Bleistift auf Papier; unsign. u. undat.
Privatbesitz Berlin
Entstand vermutlich 1982

83/1 „Implosion"
Mischtechnik (Gouache/Tempera und Kreide) auf Karton; 28,7 x 43 cm; re. unten sign. u. dat.: M. Th. Rave 83
Ausstellungen: 1983 Off Galerie, Berlin
Privatbesitz Berlin

84/1 Ohne Titel
Collage auf Karton; 36,5 x 49,2 cm; re. unten sign. u. dat.: 30. Aug. 78 ausgestrichen, dafür: Mai 84
Verbleib unbekannt

84/2 Ohne Titel
Collage; 37,6 x 50,2 cm, P, A. 34 x 47 cm; re. unten u. verso sign. u. dat.
Verbleib unbekannt

84/3 Ohne Titel   Abb. S. 60
Collage mit Bleistift auf Karton; 32,7 x 26,2 cm; re. oben u. unten (Aufkleber) sign. u. dat.: M. Th. Rave Mai 1984
Privatbesitz Berlin

84/4 Ohne Titel
Collage mit Bleistift; P. A. 32 x 45 cm; re. unten u. verso (auf Kopf) sign. u. dat.: M. Th. Rave Mai 1984
Privatbesitz Berlin

84/5 (*Kariertes)
Collage mit Bleistift auf Karton; 50 x 70,4 cm, re. unten sign. u. dat.: M. Th. Rave Juli 1984
Privatbesitz Berlin

84/6 Schrift-Bild (*Schrift-Bild)
Collage mit Kreide auf Karton; 49,6 x 65,2 cm; verso sign. u. dat.: M. Th. Rave 1984
Privatbesitz Berlin

84/7 Scharf diagonal (*Scharf diagonal)
Collage mit Kreide u. Bleistift auf Karton; 50,3 x 70,2 cm; re. unten sign. u. dat.: M. Th. Rave 1984
Privatbesitz Berlin

84/8 (*Bild im Bild) („abschüssig" durchgestrichen)
Collage mit Gouache/Tempera und Bleistift auf Karton; 48,5 x 63 cm; re. unten sign. u. dat.: M. Th. Rave 1984
Privatbesitz Berlin

84/9 (siehe 86/3) Ohne Titel (*problematisch)
Collage auf Karton; 48,2 x 66,8 cm; re. unten sign. u. dat.: 1984
Ein typisches Beispiel für M. Th. Raves „Umbau" von Bildern. Die ursprünglich 1984 geschaffene Collage zerlegte sie 1986 und überarbeitete sie völlig.

84/10 Ohne Titel
Collage auf Karton; 50,2 x 65,3 cm; re. unten sign. u. dat.: M. Th. Rave 84/16
Privatbesitz Berlin

84/11 (*Jan zum 50sten)   Abb. S. 35
Collage aus zum Teil gerissenen Kartons u. Seidenpapier mit Bleistift auf Karton; 43 x 61 cm; re. unten sign. u. dat.: M. Th. Rave 1984
Privatbesitz Berlin
Geschenk an Jan Rave zum 50. Geburtstag

84/12 (*Durchblicke)
Collage mit Gouache/Tempera und Bleistift auf verschiedenen Kartons; 46,7 x 64,7 cm; re. unten sign. u. dat.: M. Th. Rave 1984
Ausstellungen: 1986 Off Galerie, Berlin
Privatbesitz Berlin
Titel nicht M. Th. Raves Handschrift

84/13 „Problembild"
Gouache/Tempera; 38,6 x 51,8 cm; re. unten sign. u. dat.: 1967
Verbleib unbekannt
Das Bild ist eine Überarbeitung von WVZ 67/9. Eine Farbabbildung der ursprünglichen Fassung ist erhalten

84/14 Ohne Titel
Collage u. Gouache/Tempera auf Karton; 31 x 41 cm, Kartonrand 46,8 x 63,2 cm; re. unten sign. u. dat.: M. Th. Rave 1984
Privatbesitz Berlin

84/15 (*Pink, orange, türkis)
Collage mit Seidenpapier und Bleistift auf Papier; 50 x 65 cm; re. unten u. verso sign. u. dat.: M. Th. Rave 1984
Privatbesitz Berlin

84/16 Ohne Titel
Collage mit Seidenpapier und Bleistift auf Karton; 50 x 65,3 cm; re. unten u. verso sign. u. dat.: M. Th. Rave 1984/12
Ausstellungen: 1986 Off Galerie, Berlin
Privatbesitz Berlin

84/17 Ohne Titel
Collage mit Seidenpapier und Bleistift auf Karton; 47 x 64,5 cm; re. unten sign. u. dat.: M. Th. Rave 1984
Privatbesitz Berlin

84/18 Ohne Titel
Collage mit Bleistift; 37,5 x 50 cm; re. unten sign. u. dat.: M. Th. Rave 14.Nov.1984
Privatbesitz Berlin

84/19 Ohne Titel
Collage mit Bleistift auf Karton; 50 x 65 cm ; re. unten sign. u. dat.: M. Th. Rave 1984
Ausstellungen: 1986 Off Galerie, Berlin
Privatbesitz Berlin

84/20 Ohne Titel
Bleistift auf Karton; 21 x 29,8 cm; re. unten sign. u. dat.: M.Th. Rave 84
Privatbesitz Berlin

84/21 (Floral diagonal)   Abb. S. 65
Aquarell und Bleistift auf Collage aus farbigen Papieren, P. A. 65 x 46,5 cm; re. unten sign. u. dat.: M. Th. Rave 1984 – 19
Ausstellungen: 1986 Off Galerie, Berlin (Gal.-Nr. 19?)
Seit 1986 Eigentum der Berlinischen Galerie, Graphische Sammlung, Berlin (BG-G 4030/87)

84/22 (Bild im Bild mit Lila) Abb. S. 64
Aquarell und Bleistift auf Collage aus farbigen
Papieren, P. A. 66,6 x 47,3 cm; re. unten sign. u. dat.:
M. Th. Rave 1984 – 20
Ausstellungen: 1986 Off Galerie, Berlin
Seit 1986 Eigentum der Berlinischen Galerie,
Graphische Sammlung, Berlin (BG-G 4031/87)

85/1 Ohne Titel Abb. S. 66
Collage mit Bleistift auf Karton; 22,5 x 31 cm;
re. unten sign. u. dat.: M. Th. Rave 85
Privatbesitz Berlin

85/2 Ohne Titel Abb. S. 37
Collage mit Bleistift auf Karton; 50 x 66,4 cm;
re. unten u. verso sign. u. dat.: M. Th. Rave 1985
Privatbesitz Berlin

85/3 Ohne Titel
Collage mit Seidenpapier u. Bleistift auf Karton;
50 x 65 cm; re. unten u. verso sign. u. dat.: M. Th. Rave
21. Jan. 1985
Privatbesitz Berlin

85/4 Ohne Titel
Collage mit Kreide u. Bleistift auf Karton;
47,3 x 64,5 cm; re. unten u. verso sign. u. dat.:
M. Th. Rave Nov. 1985
Privatbesitz Berlin

85/5 Ohne Titel Abb. S. 67
Collage mit Bleistift auf Karton; 48 x 63,5 cm; re. unten
sign. u. dat.: M. Th. Rave 85
Privatbesitz Berlin

85/6 Ohne Titel
Collage mit Seidenpapier u. Bleistift auf Karton;
50 x 65,2 cm; re. unten u. verso sign. u. dat.:
M. Th. Rave 1985
Privatbesitz Berlin

85/7 (*Burgundische Nonne) Abb. S. 68
Collage mit Gouache/Tempera u. Bleistift; 42 x 50 cm;
re. unten sign. u. dat.: M. Th. RAVE 1985
Privatbesitz Berlin

85/8 Ohne Titel
Collage mit Kreide u. Bleistift auf Karton; 50 x 63,8 cm;
re. unten u. verso sign. u. dat.: M. Th. Rave Sept. 1985
Privatbesitz Berlin

85/9 Ohne Titel
Collage auf Karton; 50 x 63,8 cm; re. unten u. verso
sign. u. dat.: M. Th. Rave Sept. 85
Privatbesitz Berlin

85/10 Ohne Titel
Bleistift- u. Rötelzeichnung; re. unten sign. u. dat.:
M. Th. Rave 85
Privatbesitz Berlin

85/11 Ohne Titel
Bleistift- u. Kreidezeichnung auf Karton; re. unten sign.
u. dat.: M. Th. Rave 1985
Privatbesitz Düsseldorf

85/12 Ohne Titel
Blei- und Buntstiftzeichnung; P. A. 14,7 x 10,8 cm;
sign. u. dat.: M. Th. Rave 1985
Privatbesitz Münster
Weihnachtsgruß

85/13 Ohne Titel
Blei- u. Buntstiftzeichnung auf Papier auf Karton;
14,8 x 10,3 cm; re. unten sign.: M. Th. Rave, li. unten
dat.: 1985/86
Privatbesitz Berlin
Vermutlich eine Glückwunschkarte zum Jahreswechsel

86/1 Ohne Titel
Collage auf Passepartout; 22,5 x 31 cm in 39 x 50 cm
Verbleib unbekannt
Angaben zu Technik und Maßen laut Zettel

86/2 (*Der Fisch)
Collage mit Bleistift; 46 x 60 cm; re. unten sign. u. dat.:
M. Th. Rave 1986/2, verso auf Kopf M. Th. Rave 1985
Privatbesitz Berlin
Verso Vermerk: „umgearbeitet"

86/3 (*Felslandschaft)
Collage auf Karton; 46 x 64,5 cm; re. unten sign.
u. dat.: M. Th. Rave 1986
Ausstellungen: 1986 Off Galerie, Berlin
Privatbesitz Berlin
Aus Teilen von Nr. 84/9 neu zusammengesetzt

86/4 (*Kleinbühne)
Collage mit Bleistift; 48 x 65 cm; re. unten u. verso
sign. u. dat.: M. Th. Rave 1986
Privatbesitz Berlin
Verso Vermerk: „umgearbeitet"

86/5 (*Weite)
Collage mit Seidenpapier u. Bleistift auf Karton;
50,2 x 64,8 cm; re. unten u. verso sign. u. dat.:
M. Th. Rave 20. Januar 1986
Ausstellungen: 1986 Off Galerie, Berlin
Privatbesitz Berlin
Laut Zettel „Umgestaltet auf graublau". Heutige Fassung auf graugrün gekörntem Karton.

86/6 (*Türkis)
Collage mit Seidenpapier, Kreide u. Bleistift auf Karton;
47 x 64,5 cm; re. unten sign. u. dat.: M. Th. Rave
1984–86, verso zwei Nummern-Aufkleber: 6 u.7
Privatbesitz Berlin
Verso Vermerk: „Jan. 86 verändert"

86/7 Ohne Titel
Collage mit Bleistift auf Karton; 46,5 x 64,5 cm;
re. unten sign. u. dat.: M. Th. Rave 85, verso 17. Januar 1986
Privatbesitz Berlin

86/8 (*Rosa Fasching) Abb. S. 69
Collage auf Karton; 50 x 54,5 cm; re. unten u. verso
sign. u. dat.: M. Th. Rave Februar 1986
Privatbesitz Berlin

86/9 (*Weiße Wolke) Abb. S. 70
Collage mit Seidenpapier u. Bleistift auf Karton;
47 x 65 cm; re. unten sign. u. dat.: M. Th. Rave 86
Privatbesitz Berlin

86/10 (*Winterlich)
Collage mit Seidenpapier, Blei- u. Filzstift auf Karton;
43 x 60 cm; re. unten u. verso (auf Kopf) sign. u. dat.:
M. Th. Rave 1986
Privatbesitz Berlin

86/11 Ohne Titel
Collage mit Bleistift; P. A. 27 x 37 cm; re. unten sign.
u. dat.: M.Th. Rave 1986
Privatbesitz Berlin

86/12 Ohne Titel Abb. S. 71
Collage mit Bleistift auf Karton; 46 x 65 cm; re. unten
u. verso sign. u. dat.: M. Th. Rave 12. 3. 1986
Privatbesitz Berlin

86/13 Ohne Titel
Collage (?) hellgrün; 50 x 65 cm; März 86
Verbleib unbekannt

86/14 Ohne Titel
Collage mit Druck von einer Einladung 1983
M. Th. Rave; 31 x 35 cm; 10.-12. Juli
Verbleib unbekannt

87/1 Ohne Titel
Bleistift auf Papier; 29,5 x 42 cm; re. unten sign. u. dat.:
M. Th. Rave 1987
Privatbesitz Berlin

87/2 Ohne Titel
Bleistift auf Papier; 29,5 x 42 cm; re. unten sign. u. dat.:
M. Th. Rave 1987
Privatbesitz Berlin

87/3 Ohne Titel
Blei- u. Buntstiftzeichnung auf Papier; 29,5 x 42 cm;
re. unten sign. u. dat.: Mai (?) 1987 Rave
Privatbesitz Berlin

87/4 Ohne Titel
Bleistift auf Papier auf Karton; 29,5 x 42 cm; li. unten
sign. u. dat.: April, re. unten: M. Th. Rave 1987
Privatbesitz Berlin

87/5 Ohne Titel   Abb. S. 38
Bleistift auf Papier auf Karton; 29,5 x 42 cm; unsign.
u. undat.
Privatbesitz Berlin
*Wahrscheinlich 1987, vielleicht M. Th. Raves letztes
Werk*

AUSSTELLUNGEN

Gruppenausstellungen

1945	Herbstausstellung in der Kamillenstraße (Kunstamt Steglitz), Berlin-Lichterfelde
1946	Frühjahrsausstellung in der Kamillenstraße, Berlin-Lichterfelde
1946	Ausstellung in der Kamillenstrasse „Aquarelle-Malerei-Plastik", Dezember 1946, Berlin-Lichterfelde
1946	Weihnachtsgaben der Künstler und des Kunsthandwerks im Haus am Waldsee (Kunstamt Zehlendorf), Berlin-Zehlendorf
1947	Weihnachts-Verkaufsausstellung im Haus am Waldsee, Berlin-Zehlendorf
1950	Berliner Kunstausstellung Weihnachten 1950, Schloss Charlottenburg, Berlin
1950/51	Ausstellung Zehlendorfer Künstler „Malerei-Graphik-Plastik", Dezember 1950 bis Januar 1951, Haus am Waldsee, Berlin-Zehlendorf
1952	Ausstellung Zehlendorfer Künstler, Haus am Waldsee, Berlin-Zehlendorf
1952	Weihnachts-Verkaufsausstellung der Berliner Künstler im Schloss Charlottenburg, Berlin
1953	Ausstellung Zehlendorfer Maler und Bildhauer im Haus am Waldsee, Berlin-Zehlendorf
1954	Weihnachts-Verkaufsausstellung Berliner Künstler und Kunsthandwerker im Schloss Charlottenburg, Berlin
1954	Ausstellung Zehlendorfer Künstler im Haus am Waldsee, Berlin-Zehlendorf
1954	Juryfreie Kunstausstellung Berlin 1954, Ausstellungshallen am Funkturm
1955	Gedok-Ausstellung Hahnentorburg, Köln
1956	Große Berliner Kunstausstellung 1956, Ausstellungshallen am Funkturm
1981	Längsschnitte 1, Berlin realistisch 1890 – 1980, Berlinische Galerie, Berlin
	Längsschnitte 2, Berlin konstruktiv, Berlinische Galerie, Berlin
	Konkret-konstruktive Kunst, Berlinische Galerie, Berlin
1986	3 x Konstruktivismus, Off Galerie, Berlin-Halensee

Einzelausstellungen

1954	MARIA THERESIA RAVE Aquarelle und Ölbilder, im Antiquariat Wasmuth, Berlin-Charlottenburg
1974	Maria Theresia Rave – Kompositionen 1962-72, in der Galerie Gerda Bassenge, Berlin-Grunewald
1975	Praxis Dr. Gunda Köppen, Berlin-Zehlendorf
1978	MARIA THERESIA RAVE Accrochage ihrer Gouachen aus dem Jahr 1977 zum 75. Geburtstag, Architekturbüro Jan Rave und Rolf Rave, Berlin
1983	MARIA THERESIA RAVE-FAENSEN zum 80. Geburtstag, Off Galerie, Berlin-Steglitz
2003	M. TH. RAVE Bilder aus drei Jahrzehnten, Mies van der Rohe Haus, Berlin-Hohenschönhausen

Fotonachweis

Gabriele Fromm	S. 98 re., 99 li., 124 li.
Wolf Lücking	S. 94 li. u. re., 95 li. u. re., 96 li. u. re.
Wolfgang Kiepenheuer	S. 74 re.
Hermann Kiessling	S. 11 li. u. re., 14, 21, 24 re. unten, 32 re., 34 li. u. re. unten, 46, 49, 51, 52, 53, 57, 101 re. unten, 111 re., 113 re. oben, 116 re. unten, 118 re. oben u. unten, 119 li., 120 re. oben
Sabine Krumwiede	S. 90 re.
Amos Schliack	S. 99 re.
Achill de Veer	S. 72 re.

Trotz sorgfältiger Recherche war es nicht in allen Fällen möglich, die Rechtsinhaber zu ermitteln. Berechtigte Ansprüche werden selbstverständlich im Rahmen der üblichen Vereinbarungen abgegolten.